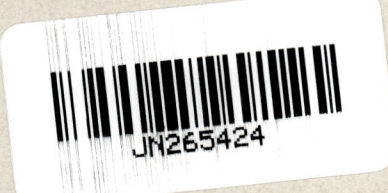

京漆の図案集

監修　服部峻昇

光村推古書院

京漆の文様

服部峻昇

我々が生活する上において、文様や意匠なしに語ることはできない。文様を説明するには、工芸品が重要となってくる。工芸品が制作されるには、まず用途としての機能、さらには形態が決定されて、総合的な意匠が設定される。そしてさまざまな技術が発達し、彩色が施され、それに応じた装飾文様が描かれる。そこには初めて工芸品としての生命が与えられ、人の心と生活に結びつき、いっそうの品格をかもし出すのである。装飾文様はそれぞれの時代によってさまざまに変化し、文様の種類によっても多くが変遷している。

漆工芸の文様についても同様である。平安時代には蒔絵や螺鈿は調度の装飾に好んで用いられ、平等院などでは建築にも漆工芸を多用した好例が見られるようになる。室町時代は高蒔絵や平蒔絵に、絵画的な表現を取り入れていることも特徴である。桃山時代は漆史上、画期的な時代である。この時代の漆工芸は「高台寺蒔絵」と呼ばれる大胆な文様構成で、近世的な感覚を代表するものであった。また南蛮漆器が西欧に輸出され、日本を代表する工芸品として「ジャパン＝漆器」と呼ばれる程もてはやされた。さらに桃山末期に光悦、江戸前期に光琳が登場し、伝統と斬新な意匠で、近世の意義を鮮明に表現した。

江戸時代に入ると漆器はさらに多様化する。食器類の多くが塗りであったが、次第に漆器と陶磁器との併用が増え、漆器は高級品として扱われるようになった。特に江戸時代初期に作られた徳川美術館の「初音の調度」など豪華な調度品が、貴族や大名により制作された。また、千利休などによって大成された茶の湯の世界では多くの漆器が使用されるようになり、公卿や大名、町人の間で流行した。そこには他の産地にはみられない「わび」「さび」といった内面的に深い味わいを加味した高級品が作られた。その中心は京都であり、こうした条件のもとで京都の漆器は精巧な工芸品が多く産出されてきたのである。

明治時代以降になると漆器は庶民の中にも日常の器として広がり、次第に高級な漆器が用いられ、人々の食膳に華やかに彩りを添えるようになった。

このように生活の中における漆器の歴史は、日本人と漆器を結ぶ伝統の長さと深さが感じられる。その中で、京漆器は素材を選び、京蒔絵は洗練された美意識において、他の産地の追随を許さない優雅なデザインと繊細な仕上がりが特徴である。室町時代以降は全国の漆器の中心となるが、その原動力は数多くの名工の存在であり、その品質とデザインの優秀性であるのは間違いない。

現代の漆器は、全国の漆器産地と漆工家たちで構成されている。各地の伝統的漆工は伝統的工芸品として指定を受け、伝産法（伝統的工芸品産業の振興に関する法律）などで保護され、連綿と続いている。人類が生きてきた時代に、それぞれの文様を創造し、表現し、発達させて、現代に伝承、伝播しているのである。

本書は、漆作家の東光哉（本名・徳次郎）が明治の後半から昭和四十年代後半までに書き残した下絵集をまとめたものである。構成は、「鳥類」「植物」「動物」「風景」「人物」「縁起物・その他」に大きくわけて編集したが、時代的な考証などは行っていない。

筆者の東光哉は、明治二十年（一八八七）奈良県宇陀郡萩原（現・宇陀市榛原萩原）に五人兄弟（男三人女二人）の二男として生まれる。学校卒業後、奈良市油留木町の堀部宣哉南部漆工に弟子入りした。師匠の宣哉は名工で、仏像・社寺などの名宝を修理し、また古式な製作もよくこなし、実業家で国会議員も務めた武藤山治や久原房之助、さらには白鶴酒造の嘉納治兵衛などに納めていた。光哉は師匠の宣哉に認められ、立派な製作や名宝修理にも参加し、自らも修復を行っていた。修復を行った主な社寺は、奈良県の東大寺正倉院、薬師寺、京都府の醍醐寺、大徳寺、広隆寺、神護寺、滋賀県の延暦寺や静岡県の方広寺、そして広島県の佛通寺、耕三寺などである。

戦時中、奈良から京都市東山区高台寺畔に移住し、その後も社寺などの名宝修理に専念した。老後は洛東山科に移り、静かに余生を過ごした。昭和四十八年（一九七三）八月四日の夕刻、近所の湯屋に行き、帰宅後急逝。世人に惜しまれ、八十六歳の天寿を全うした。現代作家とは気質が違い、世に出ず、一意漆工芸術に努め、古器複製に妙技をあらわし、作品の数々は愛好家たちに蔵せられている。

（漆芸作家・日展評議員・日工会常務理事）

目次

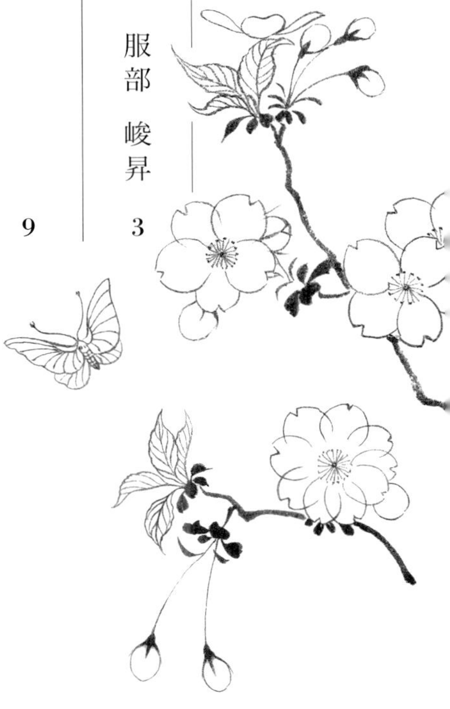

小赤啄木鳥（こあかげら）

葦に小長元坊(こちょうげんぼう)

山茶花に緋連雀(ひれんじゃく)

鳳凰と宝相華文様

土壺と蓮

紅葉

茶櫃・夕景の図

松皮菱形水指・百合と詠歌

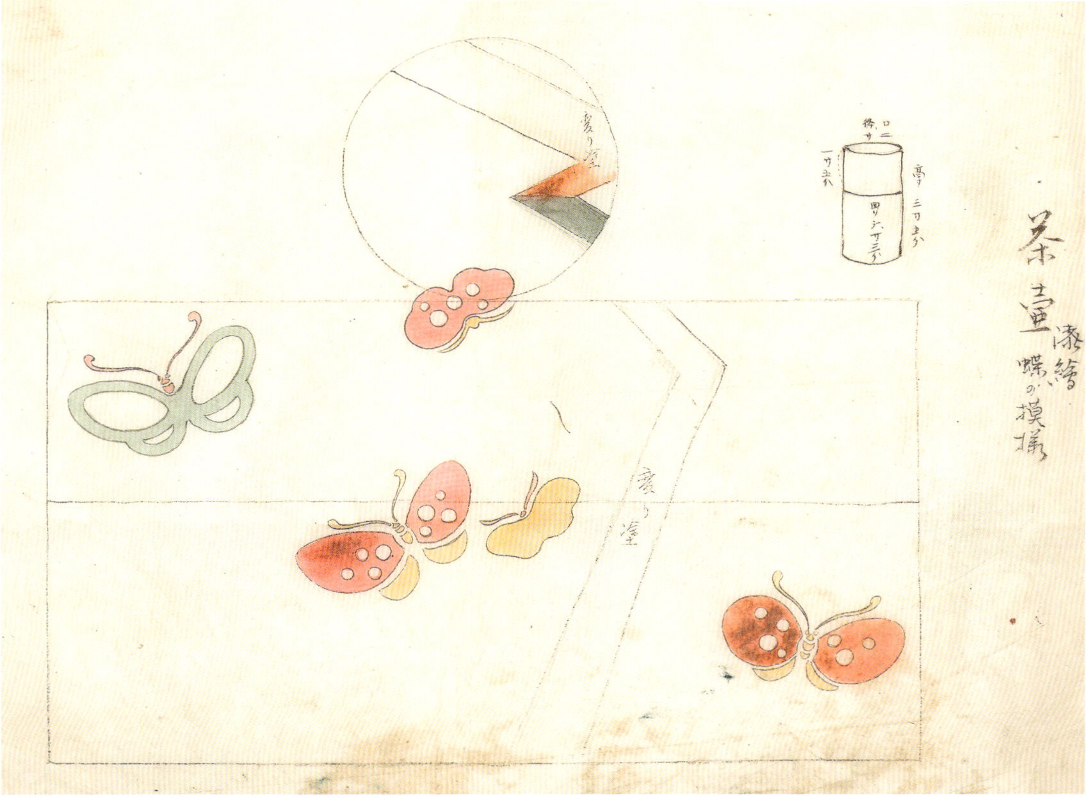

茶壺・蝶文様

香合または宝石入

獅子舞

鬼坊主

鳥類

梅に鳥

桜に鸚哥（いんこ）

柳に燕

枝垂れ桜に燕

菊に燕

菊に鳩

葦に鷺

桜に虎斑木菟（とらふずく）

猫柳に虎斑木菟(とらふずく)

鴛鴦(おしどり)

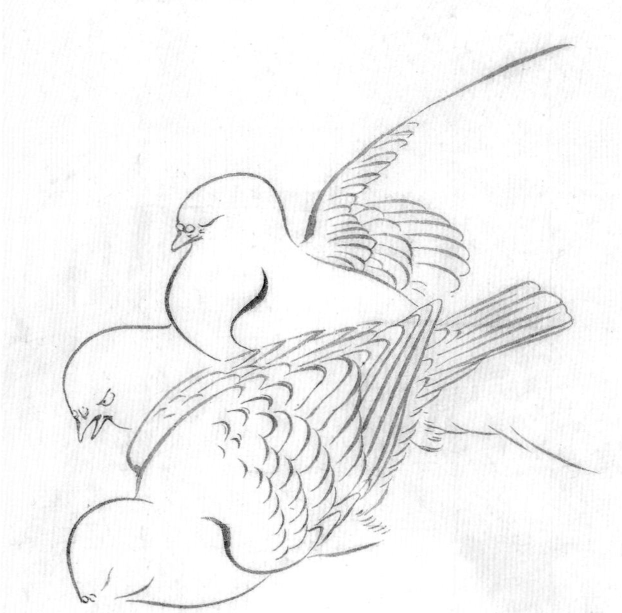

鳩

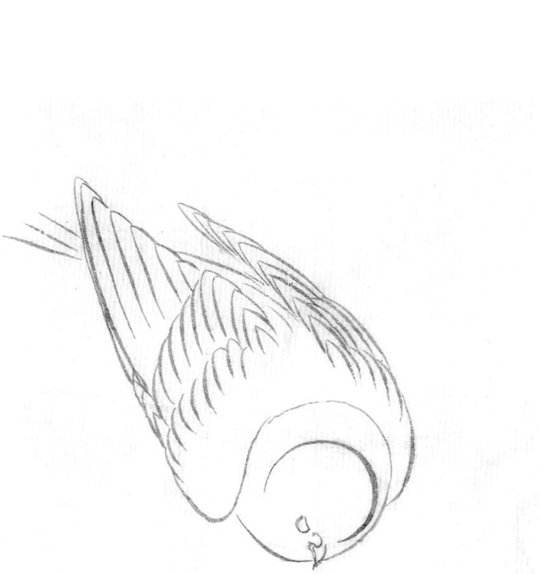

鳩

鳩

三日月に鳥

渓流に鷲

鷲

鷲

三日月に鳥

柳に鷺と蝙蝠(こうもり)

葦に鷺

鷺

鷺

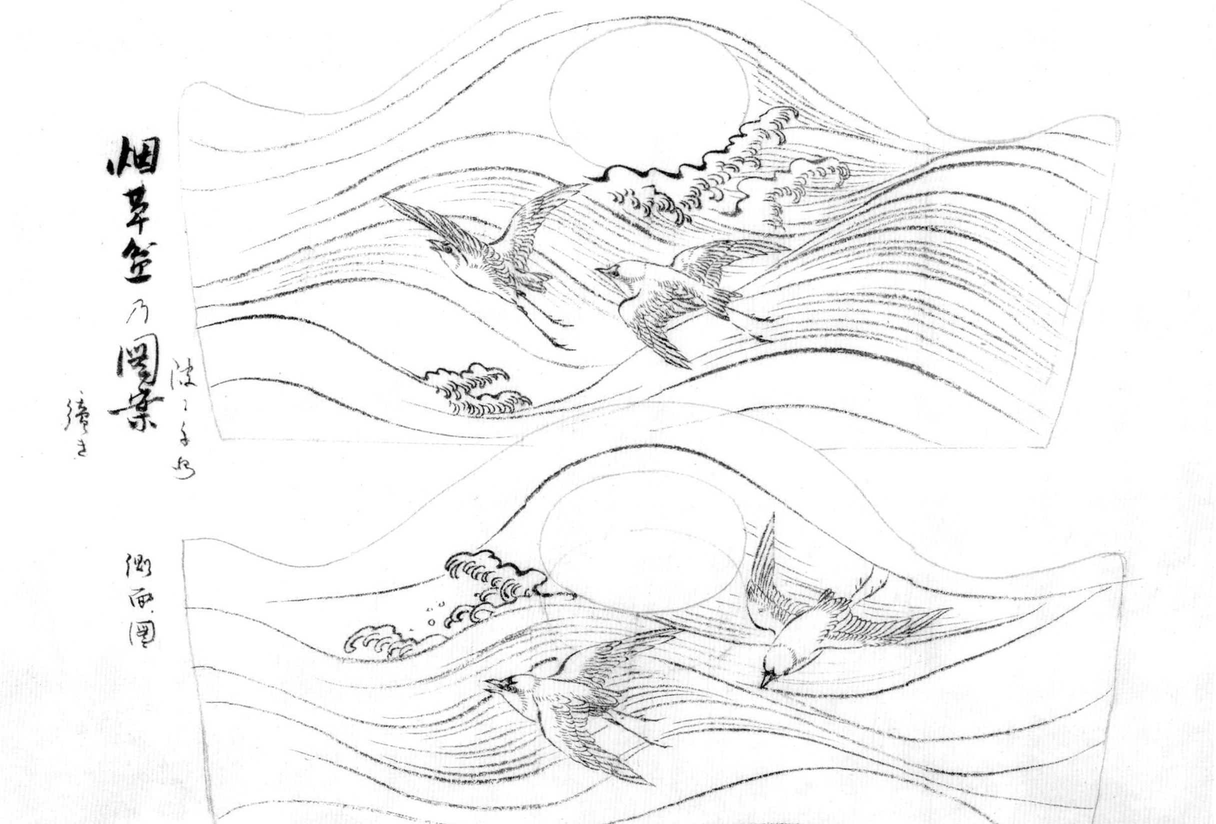

波に千鳥

雀

柳に燕

雀

雀

雀

蝙蝠(こうもり)

鶏と雛

沈丁花に青鵐(あおじ)

猫柳に小鴨(こがも)

野菊に小椋鳥（こむくどり）

辛夷(こぶし)に目白(めじろ)

枇杷(びわ)に目白(めじろ)

枇杷に四十雀（しじゅうから）

芙蓉（花）と紅葉葵（葉）に頬赤（ほおあか）

寒牡丹に鷦鷯(みそさざい)

山茶花に山鵲(さんじゃく)

松に鷂（はいたか）

真弓に尉鶲(じょうびたき)

松と笹に鸛(こうのとり)

梅に日雀（ひがら）

蓮と蓼（たで）に白鶺鴒（はくせきれい）

千鳥

桜草に麦雲雀(むぎひばり)

姉葉鶴 アネバヅル

姉羽鶴（あねはづる）

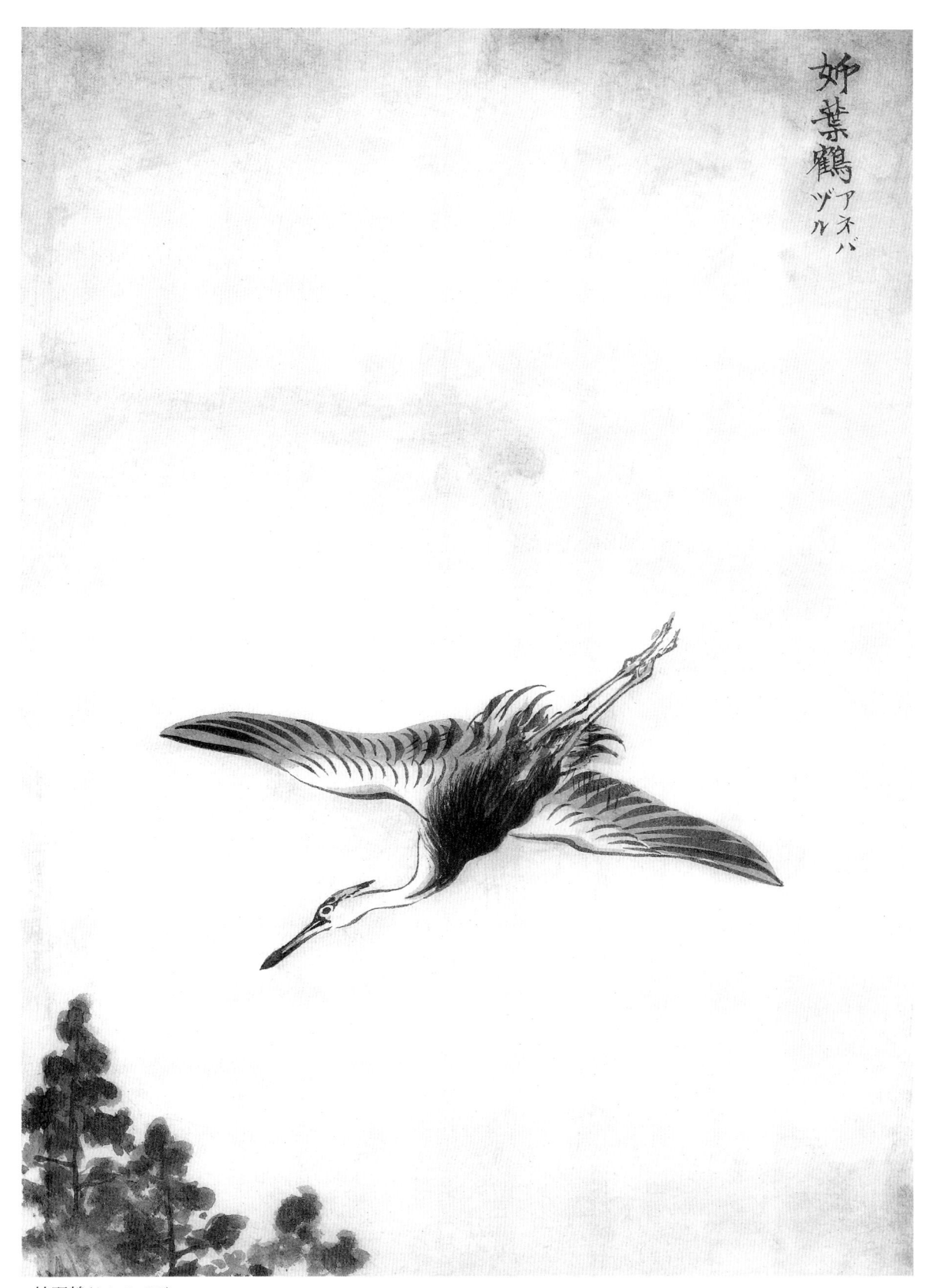

柳に星五位

葦と莕菜(あさざ)に入内雀(にゅうないすずめ)

竹笹に鵯(ひよどり)

橘に瑠璃鶲（るりびたき）

犬鷲

鸐雉 ヤマドリ

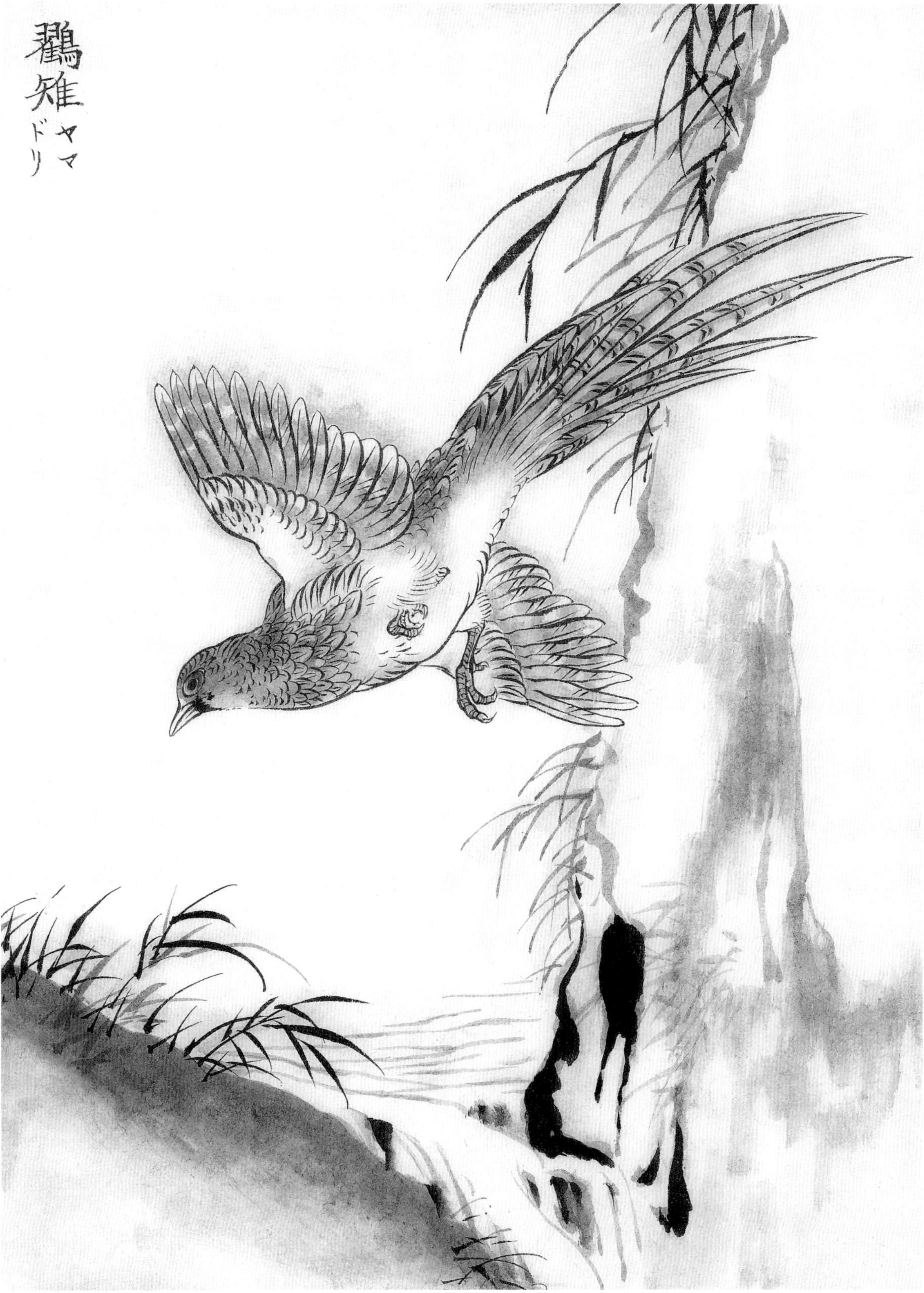

竹笹に鸐雉(やまどり)

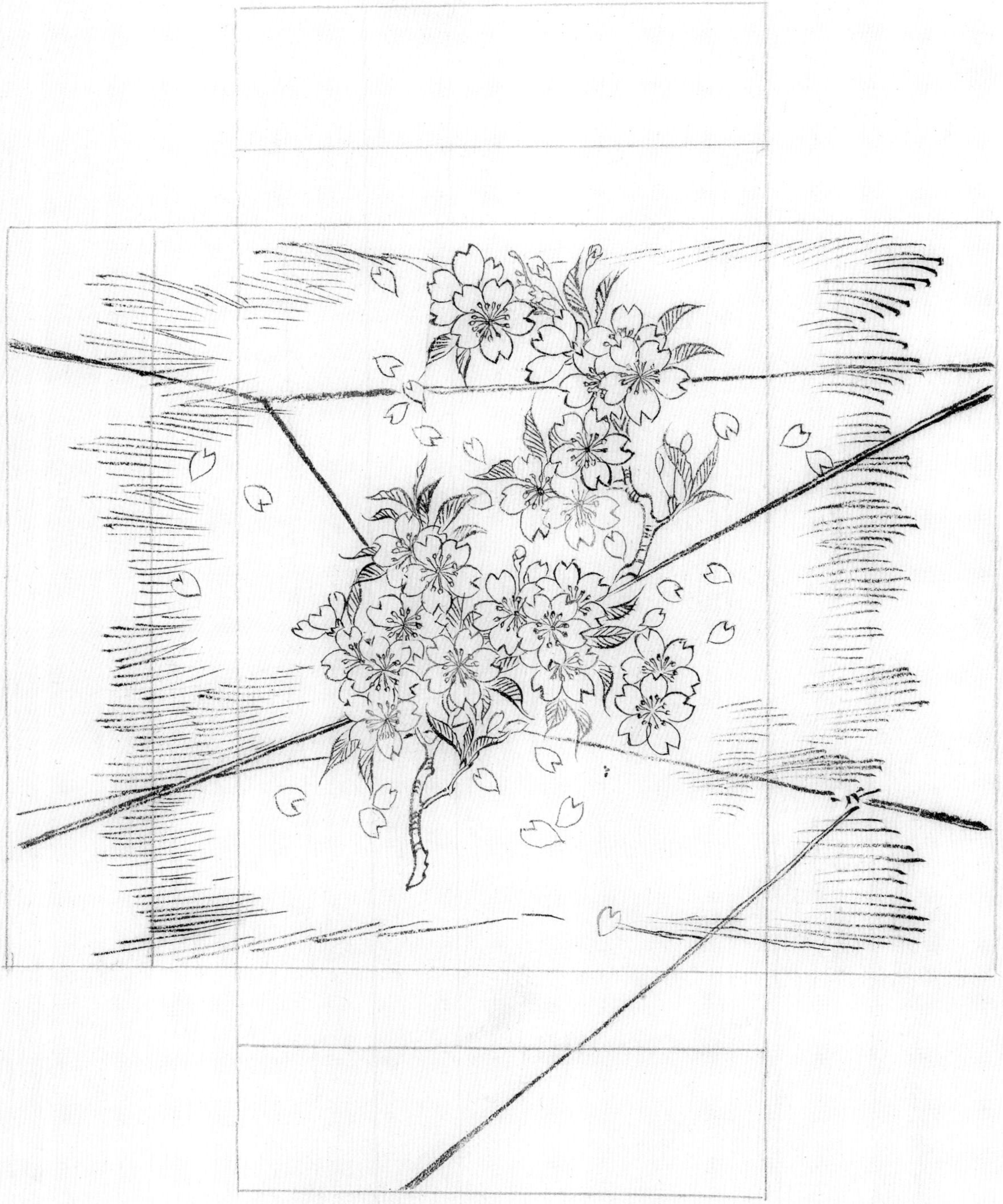

桜

桜と蝶

桜

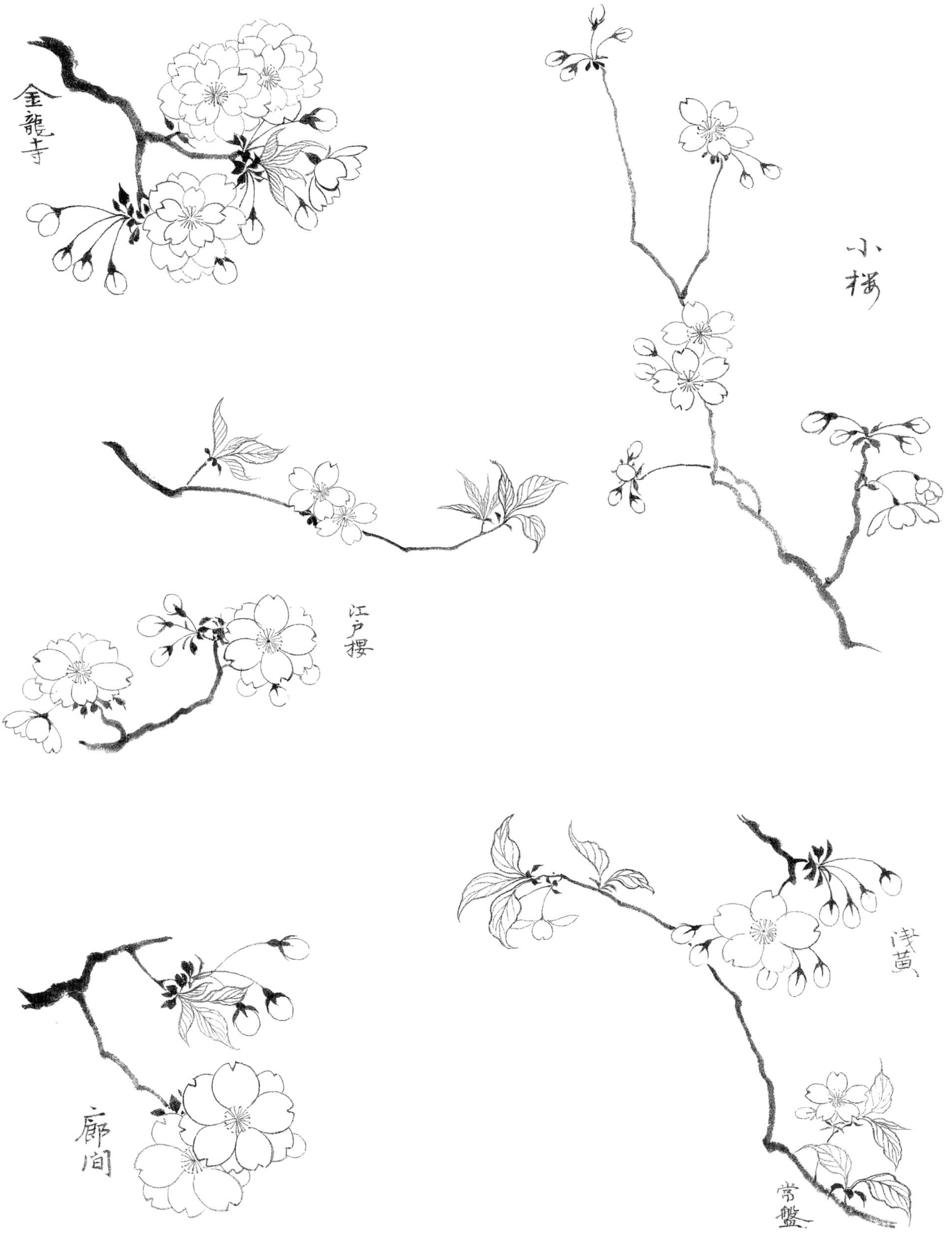

桜

大膳膳
玉王
時雨
桐谷
地主
山桜
奈良桜

桜など

桜

桜

くめをごのみ
だいがの氷まろ

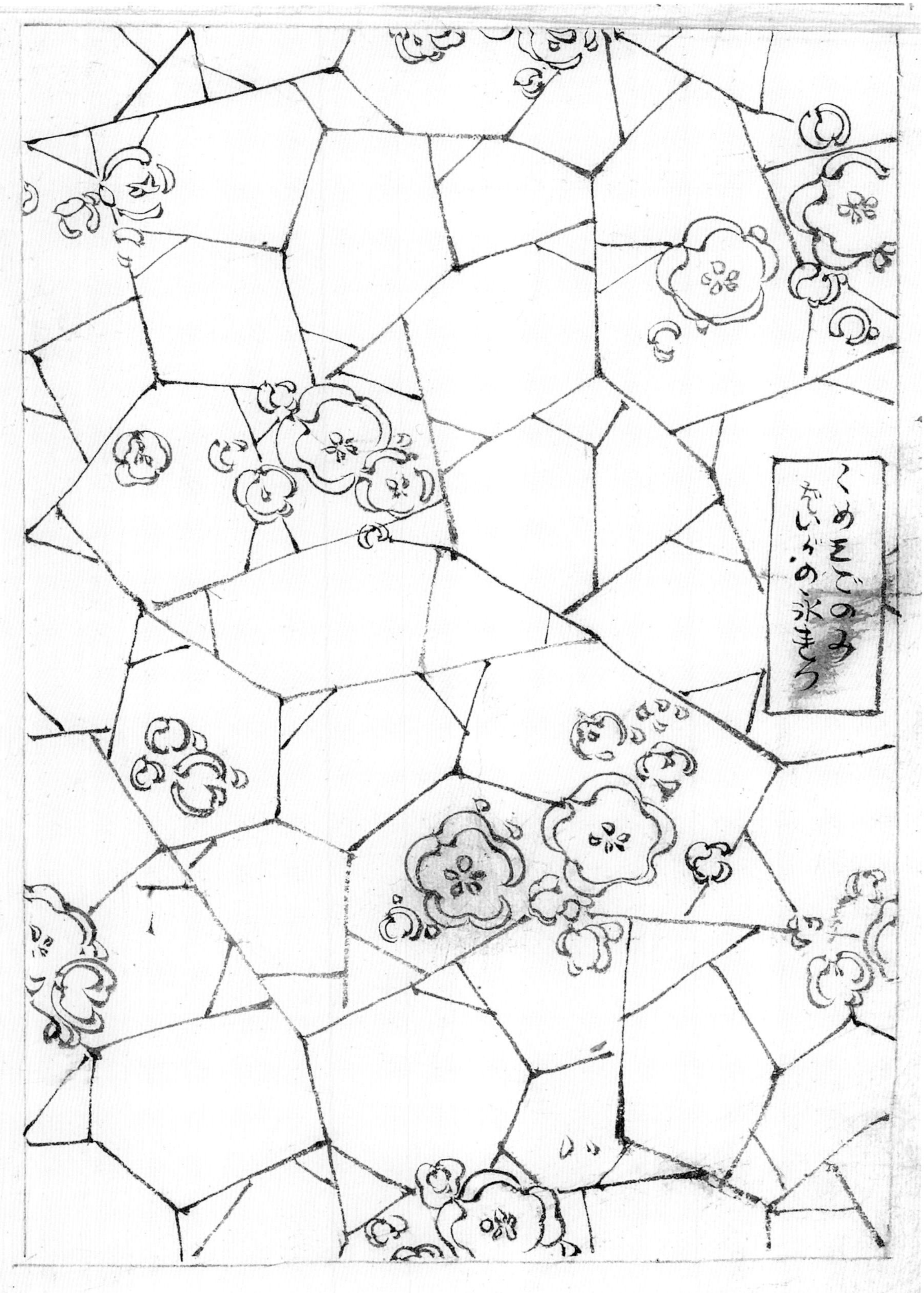

梅

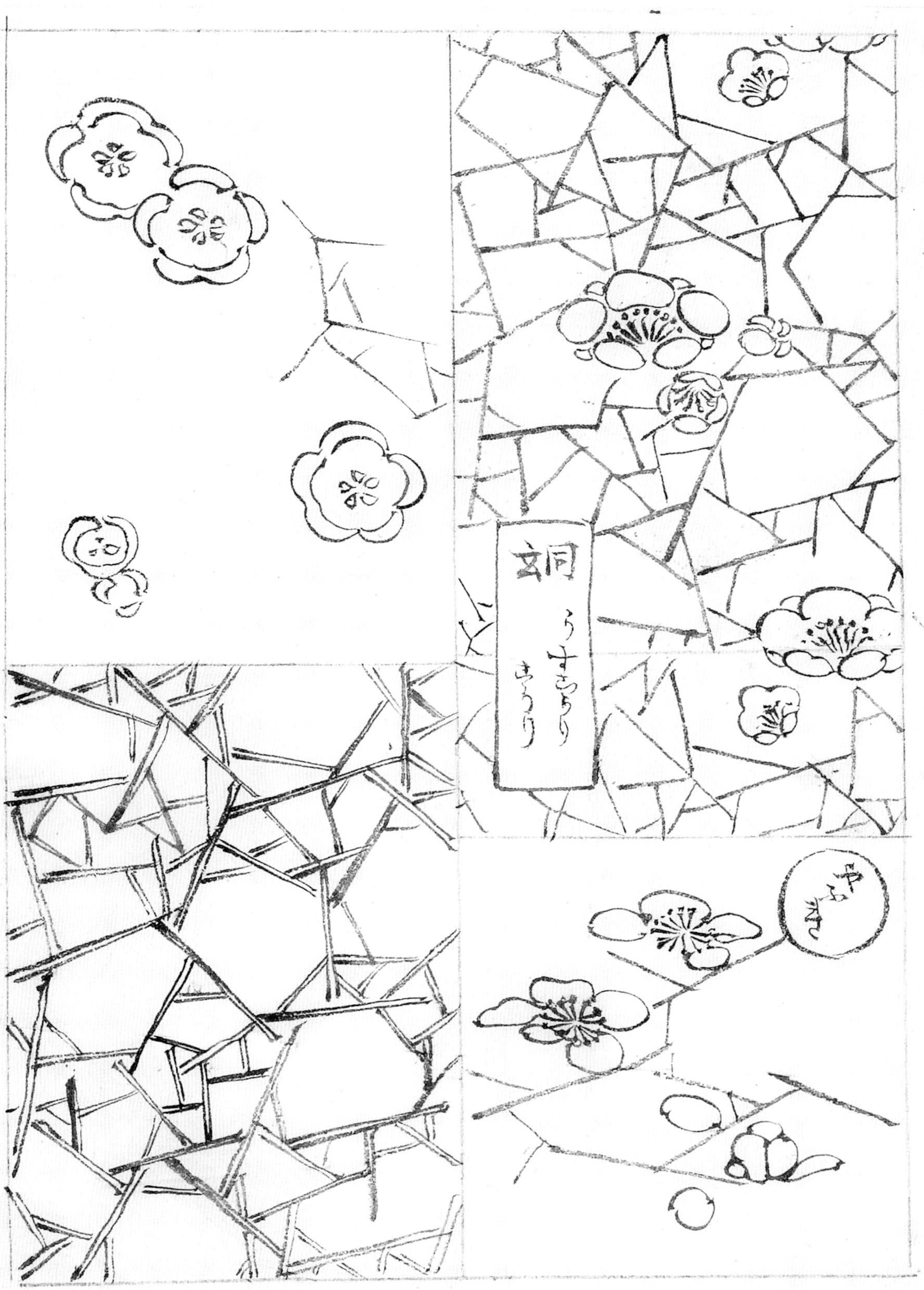

梅

ちりうめに
きりまつはり

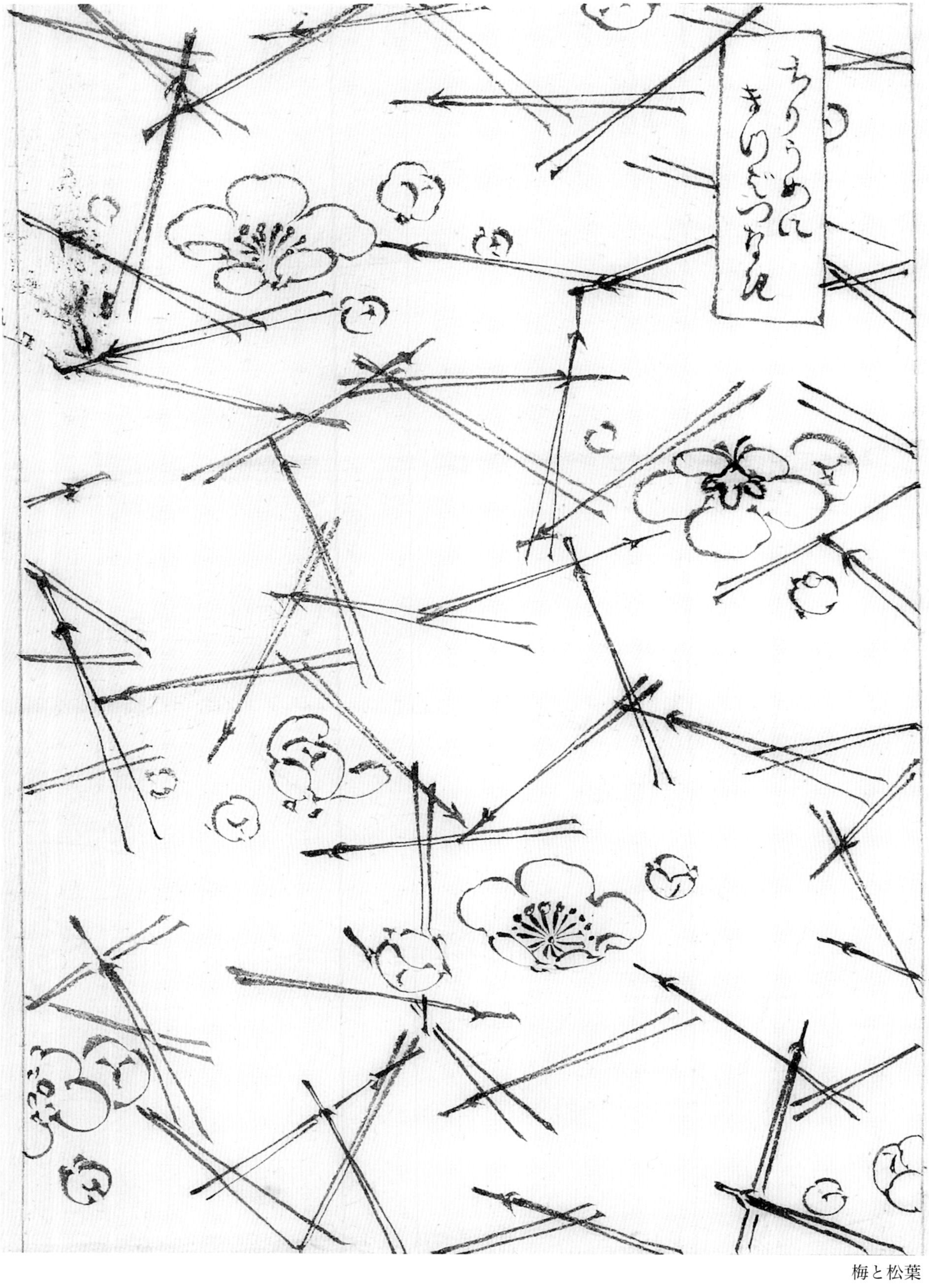

梅と松葉

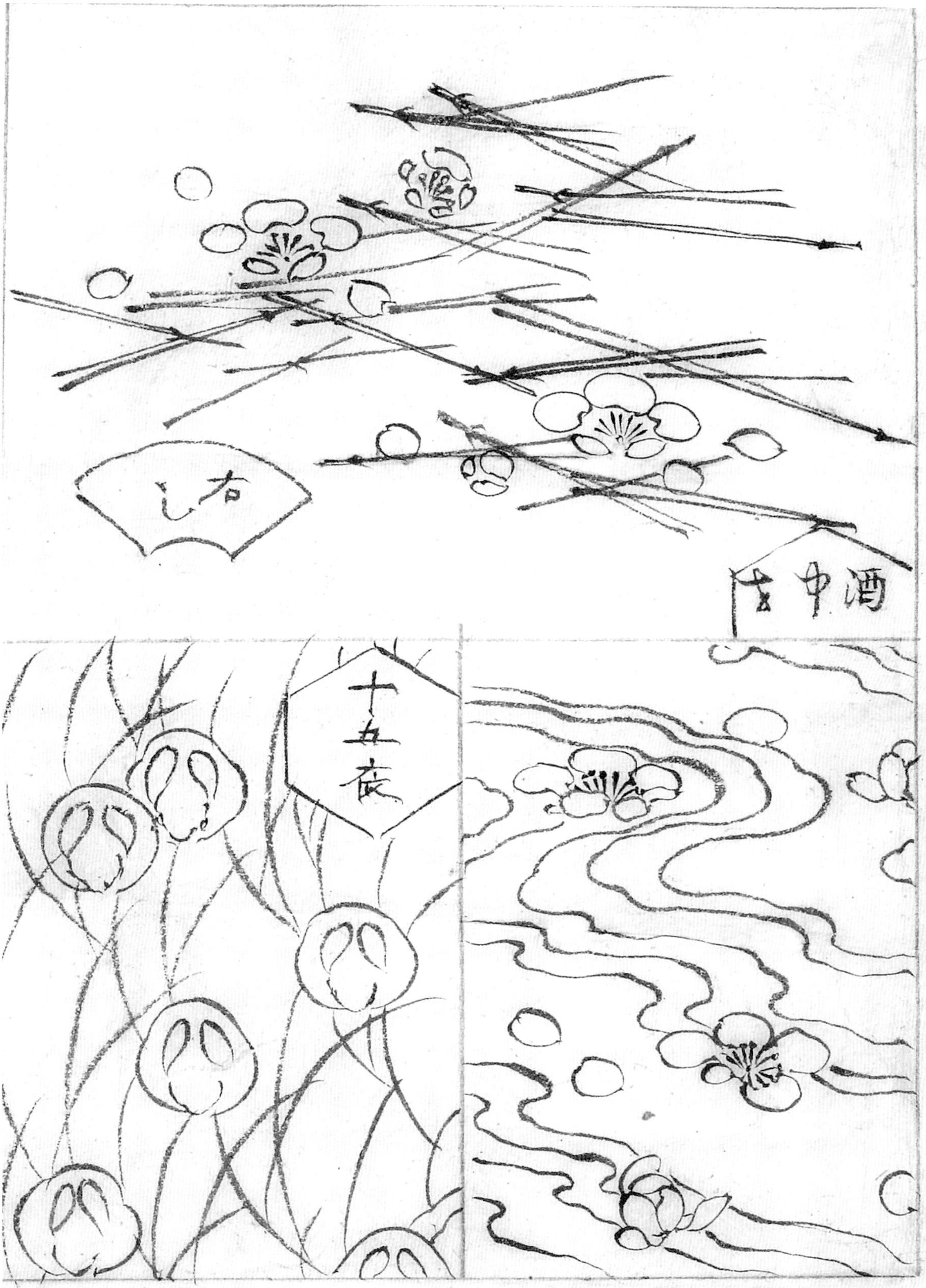

梅と松葉、流水に梅、十五夜

桜と水仙

牡丹と万年青(おもと)

菖蒲

菖蒲

杜若(かきつばた)

菖蒲

葉鶏頭と嫁菜

菖蒲に八橋

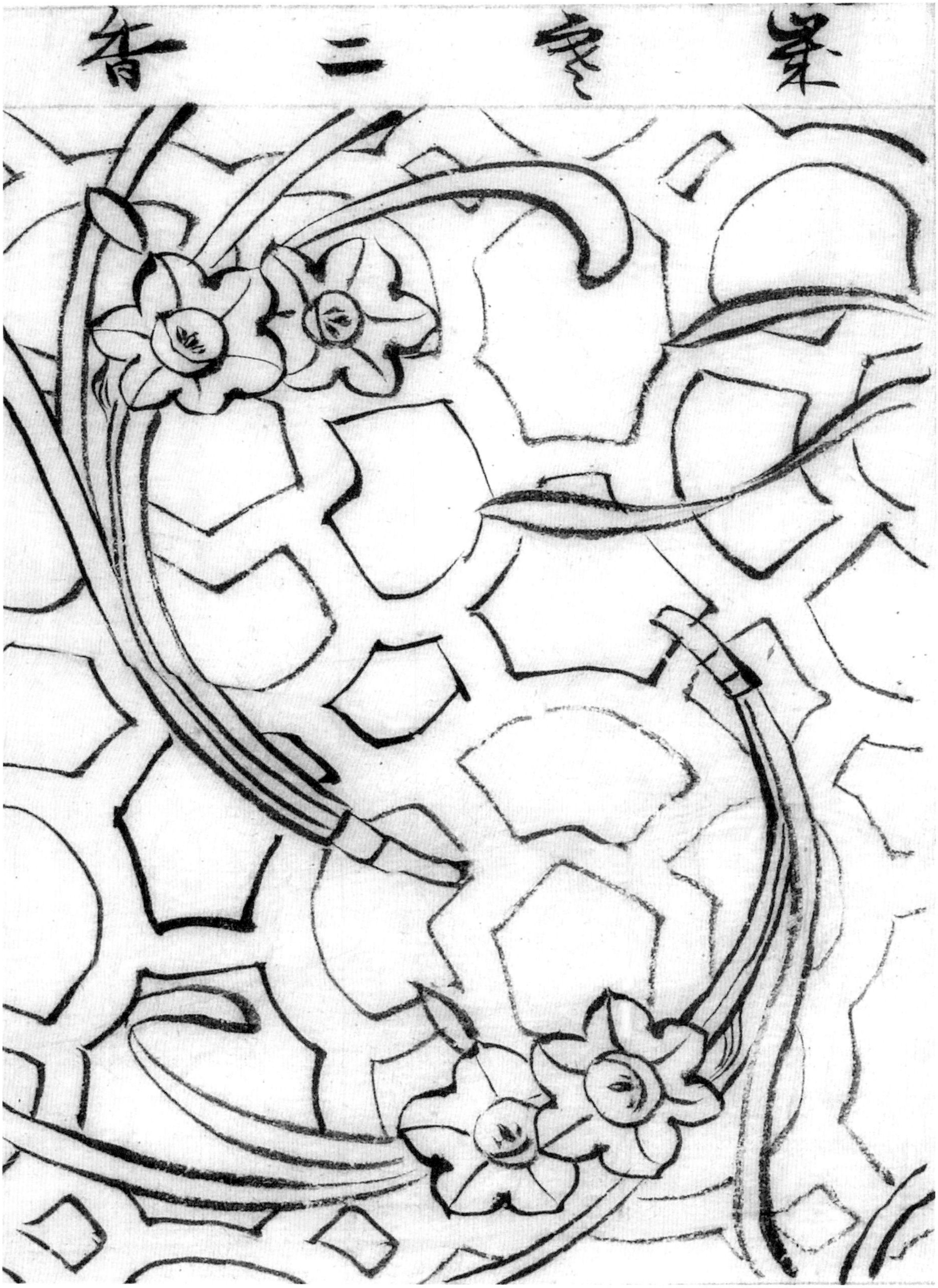

水仙と桐

水仙

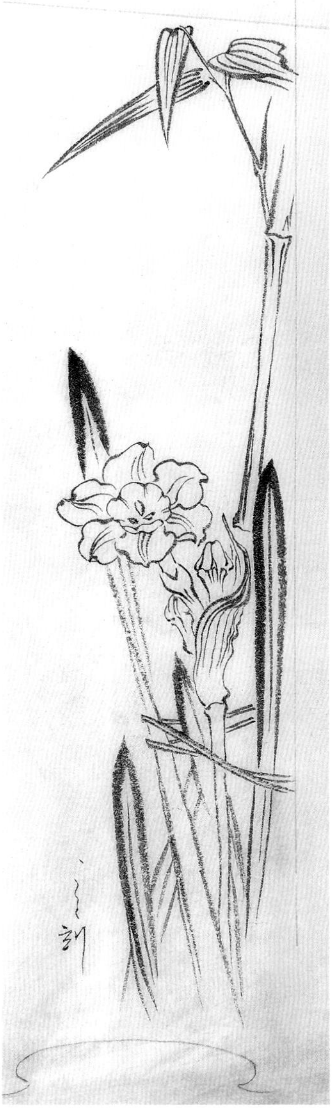

竹と水仙

沢瀉(おもだか)

桜に千鳥

蓮

葡萄

蔦

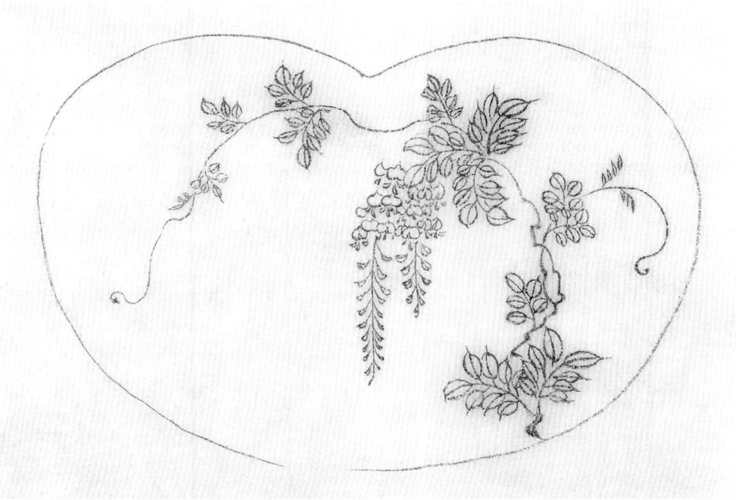

藤

葡萄

葉

葉

葉

葡萄

瓢箪

蕪

舞鶴草（まいづるそう）

朝顔、菊

楓に蟬

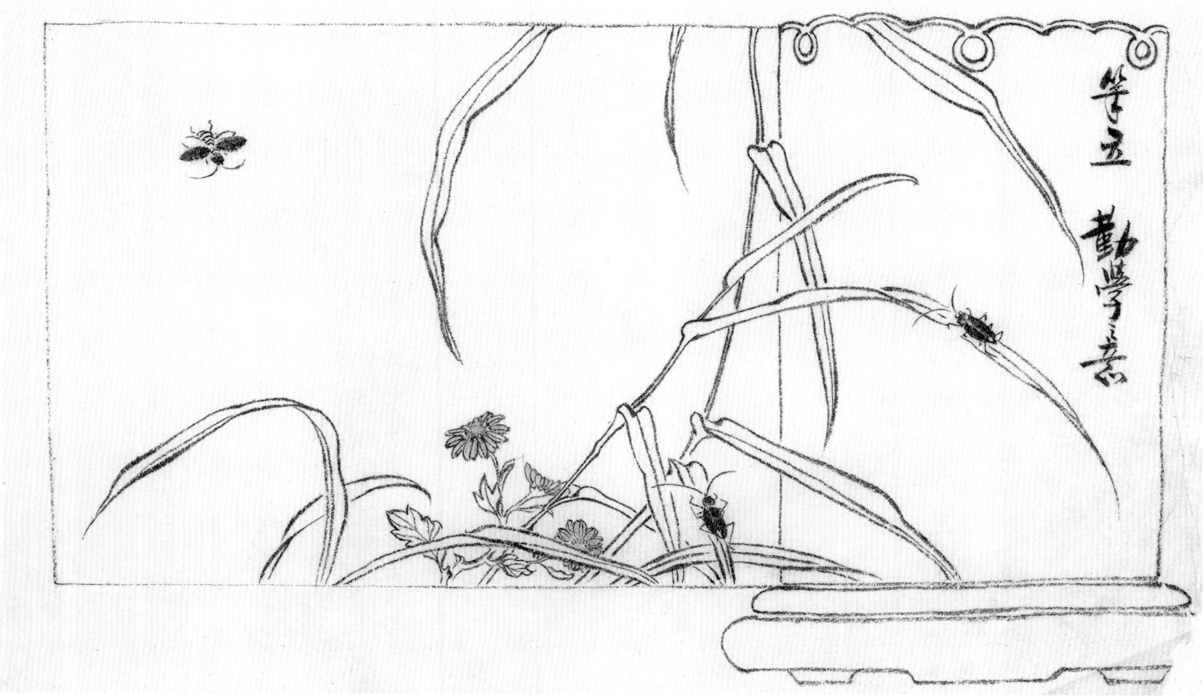

露草に蛍

撫子と蜻蛉

をふる

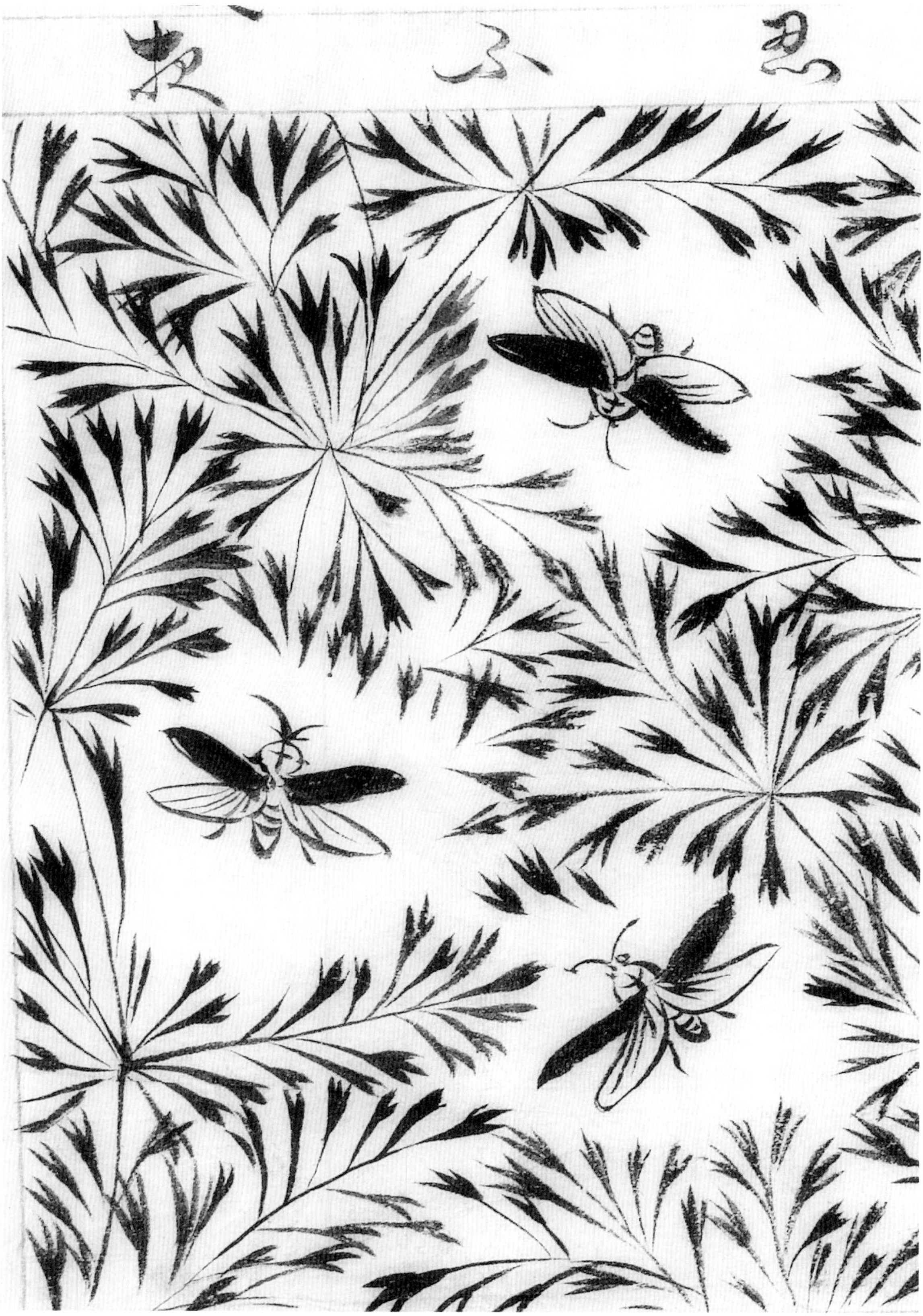

不詳

海松貝(みるがい)、撫子など

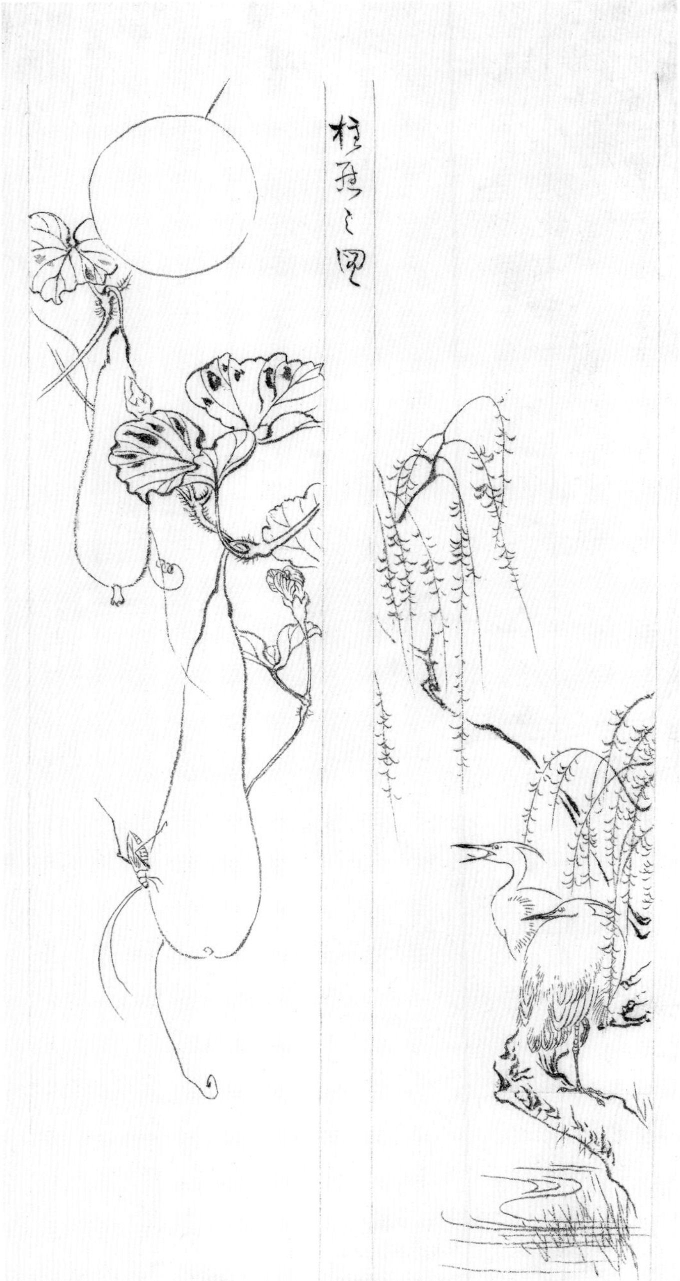

瓢箪、柳に鷺

撫子

瓢箪

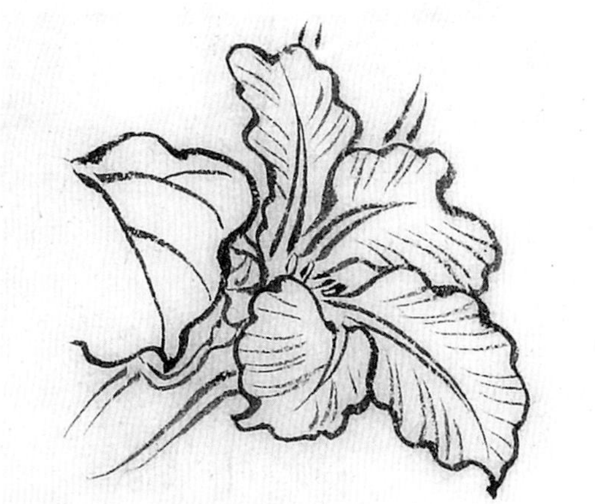

花

撫子と桔梗

楓

藤

藤と菊

流水に楓

趣味の本

浪漫図案
編／佐野宏明　2940 円
B5 変　総 176 頁
明治から昭和にかけてのラベル、パッケージ、広告資料を 1000 点以上紹介。化粧品や薬、飲料、お菓子、日用品から百貨店デザインまでレアなデザインを多数掲載。デザインの参考としても。

東京きもの案内
編著／雨宮みずほ　1575 円
A5　総 96 頁
東京の着物や和装関連のお店を取りあげたガイド本。着物初心者でも安心して入れるショップをエリア別に紹介。着物をおしゃれ着や普段着として楽しみたい女性必見の一冊。

くすりとほほえむ元気の素
レトロなお薬袋のデザイン
著／高橋善丸　3360 円
A5　総 352 頁
明治時代から昭和四十年代頃までの薬パッケージを紹介。著者のコレクションから、薬の種類ごとなどに分類したパッケージを 1000 点以上収録。

時代 MAP シリーズ

東京時代 MAP 大江戸編
編／新創社　1785 円　A4 変　総 110 頁
幕末の地図に半透明の現代地図を重ねた新発想の地図。大好評「時代 MAP シリーズ」第二弾。高層ビルの建ち並ぶ現代の東京の街から江戸の町並みが浮かび上がる。

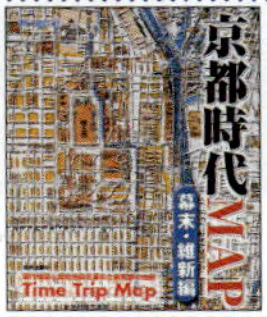

京都時代 MAP 幕末・維新編
編／新創社　1680 円　A4 変　総 84 頁
幕末の京都の地図に半透明の紙に印刷された現在地図を重ねて構成した新発想の地図で、今を歩きながら幕末の時代にタイムトリップできる幕末ファン必携の一冊。

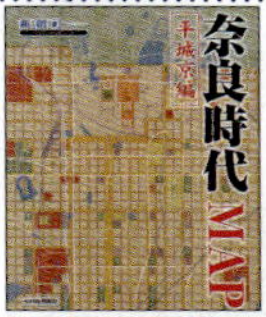

奈良時代MAP 平城京編
編／新創社　1890 円　A4 変　総 74 頁
歴史地図に半透明の現代地図を重ねた新発想の地図。平城京成立以前、飛鳥の地を彷徨う天皇の覇権掌握と「平安」への道一。藤原鎌足の野望とは？などコラムも満載。いにしえの都が、現代の奈良に浮かび上がる！

京都の写真集

心象の京都
写真／水野克比古　6300 円
A3 変　総 192 頁
40 年間京都を撮り続けた写真家・水野克比古がおくる渾身の大型写真集。巨匠が心を震わせた京都の風景。その一瞬を切り取り、繋いだ珠玉の写真集。

京都 坪庭
写真／水野克比古 3990 円　A4 変 総 128 頁
庭園美の極致とされる坪庭、住居としての機能性とともに、小さいながら鑑賞できる庭、そして和みの空間という重要な要素がある。御所の藤壺・萩壺から町家の坪庭まで、約 80 の坪庭を収録。

京都 風の色
写真／水野克比古　2520 円
A4 横変　総 96 頁
京都の風を感じる写真集。清水寺や下鴨神社、平安神宮や嵐山など、京都の定番の景色を美しい写真で紹介。贈りものとしても喜ばれる一冊。

京都 秘蔵の庭
写真／水野克比古 3990 円　A4 変 総 136 頁
非公開・未公開寺院をはじめとして、普段ほとんど見ることの出来ない京都の秘蔵名庭園を厳選して収録。庭園ごとに、観賞・作庭の参考となるよう作庭家による詳しい解説を付記。現代に受け継がれた京都の庭園の魅力が際立つ。

京都 四季の庭園
写真・文／中田昭　2940 円　A5 上製 192 頁
美しさを誇る京都の庭園を収めた珠玉の写真集。四季折々に見せる最高の瞬間を綴じこめた。同じ庭園を同じ角度から見ても季節によって表情が違う。季節の変化を楽しめる写真も数点掲載。社寺ごとに解説や地図、簡単な英文も併記。

京都 町家の坪庭
写真／水野克比古 3990 円　A4 変 総 144 頁
京都を代表する写真家・水野克比古が新たに撮りおろした京町家の坪庭 84 庭の写真集。初公開の坪庭を中心に、152 点の写真で構成し、町家と坪庭の魅力を紹介する。「商家の庭」「料亭・茶寮の庭」「住まいの庭」の 3 章。

※ 表示価格は全て税込みです。
※ 書籍のお申し込みはお近くの書店にご注文下さい。
※ 弊社へ直接ご注文される場合は送料を頂戴します。

光村推古書院（みつむらすいこしょいん）
603-8115　京都市北区北山通堀川東入
phone 075-493-8244 fax 075-493-6011

SUIKOBOOKS　スイコブックスは手頃な大きさ（縦190ｍｍ×横170ｍｍ）の美しい写真集です

京都名庭園
写真／水野克比古
1680円

京都坪庭拝見
写真／水野克比古
1680円

京町家拝見
写真／水野克比古
1680円

花の庭・京都
写真／水野克比古
1680円

京都 茶の庭
写真／水野克比古
1050円

京都 禅の庭
写真／水野克比古
1050円

京都・禅寺の名庭
写真／水野克比古
1680円

京の野仏
写真／水野克比古
1680円

京都写真名所図絵
写真／山本建三
1680円

京都青もみじ
写真／水野克比古
1680円

京都桜案内
写真／水野克比古
1680円

京都夜景名所
写真／水野克比古
1680円

京都 電車で行く 桜散策
写真／中田昭
1680円

京都 電車で行く 紅葉散策
写真／中田昭
1680円

京都 五花街
写真／溝縁ひろし
1680円

Samadhi on Zen Gardens
Tom Wright
Mizuno Katsuhiko
1680円

INVITATION TO TEA GARDENS
Preston L. Houser
Mizuno Katsuhiko
1529円

The Courtyard Gardens of Kyoto
Preston L. Houser
Mizuno Katsuhiko
1575円

日本の名景－民家
写真／高井潔
1680円

日本の名景－庭
写真／森田敏隆
1680円

日本の名景－城郭
写真／森田敏隆
1680円

日本の名景－町並
写真／森田敏隆
1680円

日本の名景－棚田
写真／森田敏隆
1680円

日本の名景－古道
写真／森田敏隆
1680円

月の時間
写真／森光伸
1260円

月の記憶
写真／森光伸
1260円

近江の名園
写真／渡部巌
1680円

写真集

月の空

写真／森光伸　2520円

A4横変　総96頁

真夜中の満月、明け方の空に残る淡い月、三日月が浮かぶ夕焼け空。今夜の月を見上げたくなる、そんな静かな月の景色が心に沁みる写真集。

砂漠 THE DESERT

写真／藤田一咲　2520円

A4横変　総96頁

砂の海ともいわれる砂漠。その広大な風景、そして砂と風により作り出される美しい砂の模様、ラクダ、オアシスから砂漠に残る遺跡まで。

きせつのいろ

写真／森田敏隆　2520円

A4横変　総96頁

色彩に満ちた日本の風景。春の野の赤や黄、夏の海の青、秋の田の金、晩秋のススキの銀、厳冬の雪の白——。自然がおりなすさまざまな景色の写真集。

雲のある風景

写真／森田敏隆　2520円

A4横変　総96頁

どこまでも続く草原にぽっかりと浮かぶ雲、雲の切れ間から差し込む神々しい光など、変化に富んだ表情を見せてくれる雲の写真集。

さくらいろ

写真／森田敏隆　2520円

A4横変　総96頁

緋寒桜、河津桜をはじめ、山桜、染井吉野、枝垂桜、八重桜、秋にも咲く四季桜まで。全国津々浦々、新春から晩秋まで桜を堪能できる写真集。

はないろの季節

写真／森田敏隆　2520円

A4横変　総96頁

一面の花畑や、山に咲き誇る花々の写真集。ページをめくるたびに広がる花景色に、言葉を失うほど圧倒され、そしてどこか懐かしくなる。

あきいろ

写真／森田敏隆　2520円

A4横変　総96頁

山を埋めつくす紅葉、霜のおりた草原、秋の野に顔をだすきのこ、雲海に浮かぶ山並み。日本全国の美しい秋の風景を厳選して収録した写真集。

遺したい日本の風景 古民家

編／日本風景写真協会会員　2310円

B4変　総96頁

「今しか撮れない貴重な風景を写真集に という日本風景写真協会会員の声から企画され、さまざまな民家の写真約750枚から厳選した88点を掲載した写真集。

遺したい日本の風景Ⅲ 駅舎

編／日本風景写真協会会員　2310円

B4変　総96頁

日本各地の駅舎の写真集。吉ヶ原駅や湯野上温泉駅、門司港駅などレトロな駅舎も多く、行ったことはなくても郷愁を誘われる。

遺したい日本の風景Ⅳ 海岸

編／日本風景写真協会会員　2310円

B4変　総96頁

日本各地の海岸線を追った写真集。夕暮れに浮かび上がる瀬戸の島々、九十九里浜の雄大な景観など、全国の会員から寄せられた写真の数々。

遺したい日本の風景Ⅴ 橋

編／日本風景写真協会会員　2310円

B4変　総96頁

日本各地の橋を収録した写真集。丸太橋や石橋、近代的な姿の鉄橋など。人や車だけでなく、歴史や文化などをつなぐロマンあふれる橋の写真集。

遺したい日本の風景Ⅵ 山村

編／日本風景写真協会会員　2310円

B4変　総96頁

日本風景写真協会会員の作品から選抜。日本各地の美しい山村風景を撮影した写真集。子どもたちの世代に伝えたい景色がそこにある。撮影データ付記。

月の下で

写真／森光伸　2520円　A5上製　総192頁

月の写真と文学がコラボレーションされた美しい一冊。竹取物語にはじまり、古典文学の月のシーン、芭蕉、与謝野晶子…月を詠んだ句。美しい月の写真を、尽きることのない月の文学が彩る。宮沢賢治などの3つの短編小説も全文収録。

日本の髪型

編／京都美容文化クラブ　1260円

文庫　総272頁

古墳時代から現代の舞妓姿までの、女性の髪形・衣装の変遷を再現した写真集。各時代ごとの美しい髪型や化粧、見事な着物の着付けなど、日本美容文化クラブの技術によって現代に甦った。

昭和の奈良大和路

写真／入江泰吉　編／奈良市写真美術館

2100円　A5横変型　総240頁

昭和20～30年代の奈良の町並の写真集。奈良大和路を撮り続けた入江泰吉のモノクロ写真を掲載。あの頃がよみがえる、なつかしの写真集。

京都の奥深さを堪能する

京都 お守り手帖
編／光村推古書院編集部　1260円
A5変　総104頁
京都の社寺のお守り大集合。意外や意外、なかなかキュートなお守りがたくさんあってこれはオドロキ。かわいいデザインのお守りたちは持っているだけでもハッピーになりそう。

京都 贈りもの手帖
編著／佐藤紅　1260円
A5変　総96頁
普段のおみやげよりも少し高価かもしれないけれど、もらってうれしい、人に自慢できるような「贈りもの」の数々をあつめました。

京都自転車デイズ
編／ワークルーム　1575円　A5　総112頁
京都をめぐるには、自転車が最適！京都の名所やとっておきのお店をコース別にセレクトし、京都を自転車で観光する人、また現在京都で自転車を使っている人におすすめスポットを紹介する。

京都うつわさんぽ
著／沢田眉香子　1575円　A5　総112頁
京都のうつわやさんを網羅したガイド。作家ものから骨董まで、さまざまなうつわをとりあげた。自分に合ううつわがきっと見つかるはず。

京都お泊まり案内帖
編著／アリカ　1575円　A5　総96頁
気取りすぎず、便利すぎず、どこか懐かしい、そんな小さな京都の宿をご案内。ゲストハウスや宿坊、京町家の一軒貸切など。思わず「ただいま」と言いたくなる、小さな隠れ家を集めました。

京都 ぽちぽち 墓めぐり
編著／アリカ　1575円　A5　総96頁
多くの歴史人物や著名人が眠る京都。遺族や縁の人々が大切に守ってきた墓を掲載。戦国武将やお江、幕末維新の志士たち、若冲、湯川秀樹まで。歴史好きのための墓参ガイド。さあ、“ハカマイラー”の旅へ出かけよう。

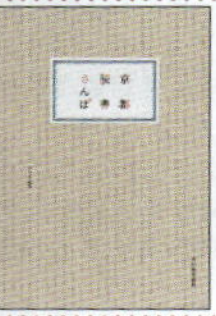

京都読書さんぽ
編著／アリカ　1575円　A5　総112頁
京都は、本が似合う街。思いもよらなかった一冊と出合える本屋さん、本の世界にひたれるカフェ、レトロな空気が心地いい古本屋さん、ちょっと尖った選書のギャラリーショップ…。本との楽しいひとときが過ごせるスポットをご紹介。

京都手帖（毎年10月頃発売予定）
編／光村推古書院編集部　1050円
B6　総184頁　ビニールカバー巻
京都好きのためのスケジュール帳。京都で行われる行事予定を週間カレンダーに掲載。今日京都で何があるかひと目でわかる。京都コラム、社寺データなどお役立ち情報も。画像は2012年度版。

京都 ご利益手帖
編／佐藤紅　1260円　A5変　総112頁
社寺のあつまる京都は、あらゆるご利益をもたらしてくれる最高のラッキースポット。恋する乙女や転職希望の青年、子どもが欲しい夫婦・・・。あなたの願い事をきいてくれる社寺がきっと見つかる！

京都 おみやげブック
編著／佐藤紅　1260円　A5変　総104頁
京都のおみやげを集めた『京都 おみやげ手帖』の第2弾！京都をぐるぐる歩いてみつけたおみやげの数々を収録。京都の「おいしい」「かわいい」がぎっしりのおみやげ満載の一冊。

京都 おいしい野菜のごはん屋さん
企画／山中睦子　編著／アリカ　1575円
A5　総96頁
野菜でおなかも心も満たされる、そんなごはん屋さんを44店掲載。「野菜ってこんなにおいしかったんだ！」と発見ができるベジタリアンレストランガイド。

京の名店　まかないレシピ
編／ワード　1575円　B5　総96頁
京都にある老舗京料理店や、有名イタリアン、フレンチ、中華の名店にとっておきのまかないレシピを教えてもらった一冊。ささっと簡単においしい料理をつくりたい、また料理ビギナーにもおすすめのレシピ本。

キョウトインテリアブック
編著／佐藤紅　1575円　A5　総104頁
京都の伝統技術を生かして作られた和家具から、木工作家の椅子、モダンファニチャー、アンティークまで、グッドデザインの家具とインテリア･キッチン雑貨を集めた、京都の‘今’のインテリアが一望できるモダンインテリアカタログ。

京都お弁当手帖
編著／佐藤紅　1575円　A5　総96頁
花見弁当など京都ならではの四季折々の行楽弁当から、毎日の昼休みのお弁当、京野菜などを使ったヘルシー弁当、おせちやお寿司、特別な日を祝うお弁当、エスニック弁当などの個性派弁当まで。京都のおいしいお弁当づくしの一冊。

京都おみやげ大全
編著／佐藤紅　2100円　A5　総224頁
京都人定番のおみやげから、観光客に人気の京みやげ、最近の若者の新定番まで、ありとあらゆるおみやげが勢ぞろい。贈る人のことを考えながら選ぶのも楽しみのひとつ。「センスいい！」と思われる品を贈るための、京みやげガイドの決定版。

撫子と桔梗と菊

薔薇

芙蓉

薔薇

蝶と石楠花(しゃくなげ)

流水に山吹

椿と柳

松

植物

蓮と花瓶

牡丹と木蓮と花瓶

菊

藤と流水

薄(すすき)と女郎花(おみなえし)と桔梗

鳥と葉

菊

菊

梅と牡丹

菊

流水と菊

菊

菊

菊、金魚、村雨

藤袴

桜と鳥

桐

春蘭

柳

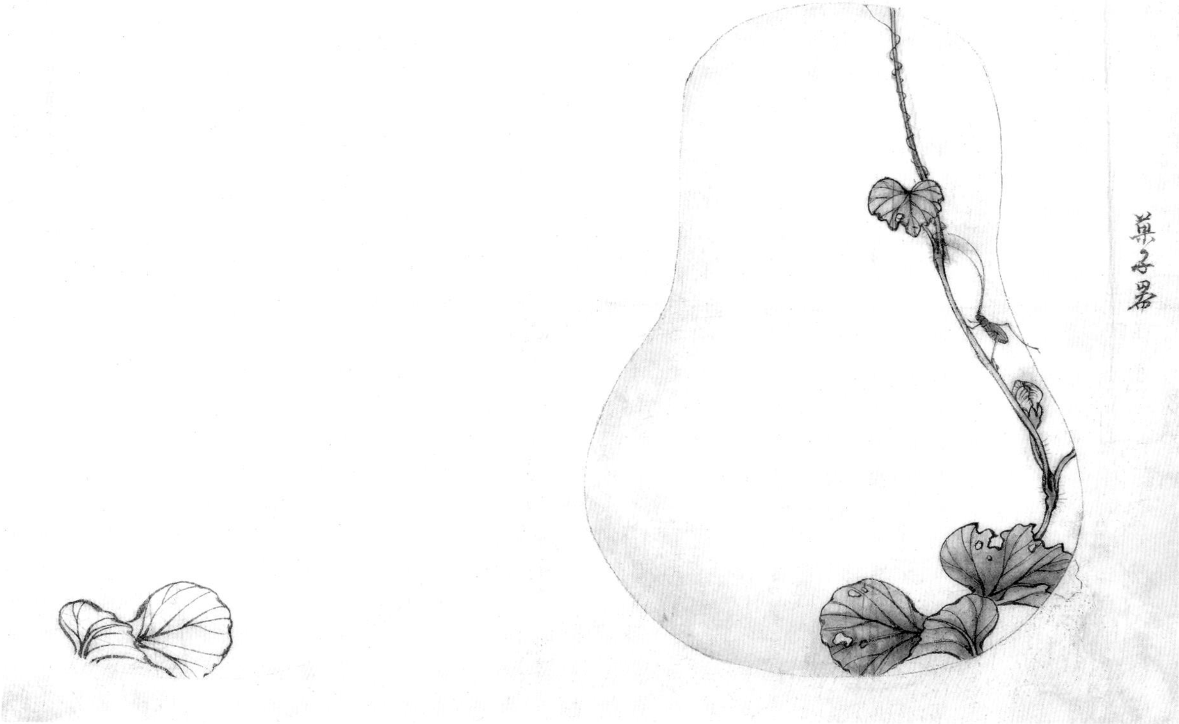

夕顔

松

柿

橘

梅

桔梗

楓

栗

松

梅

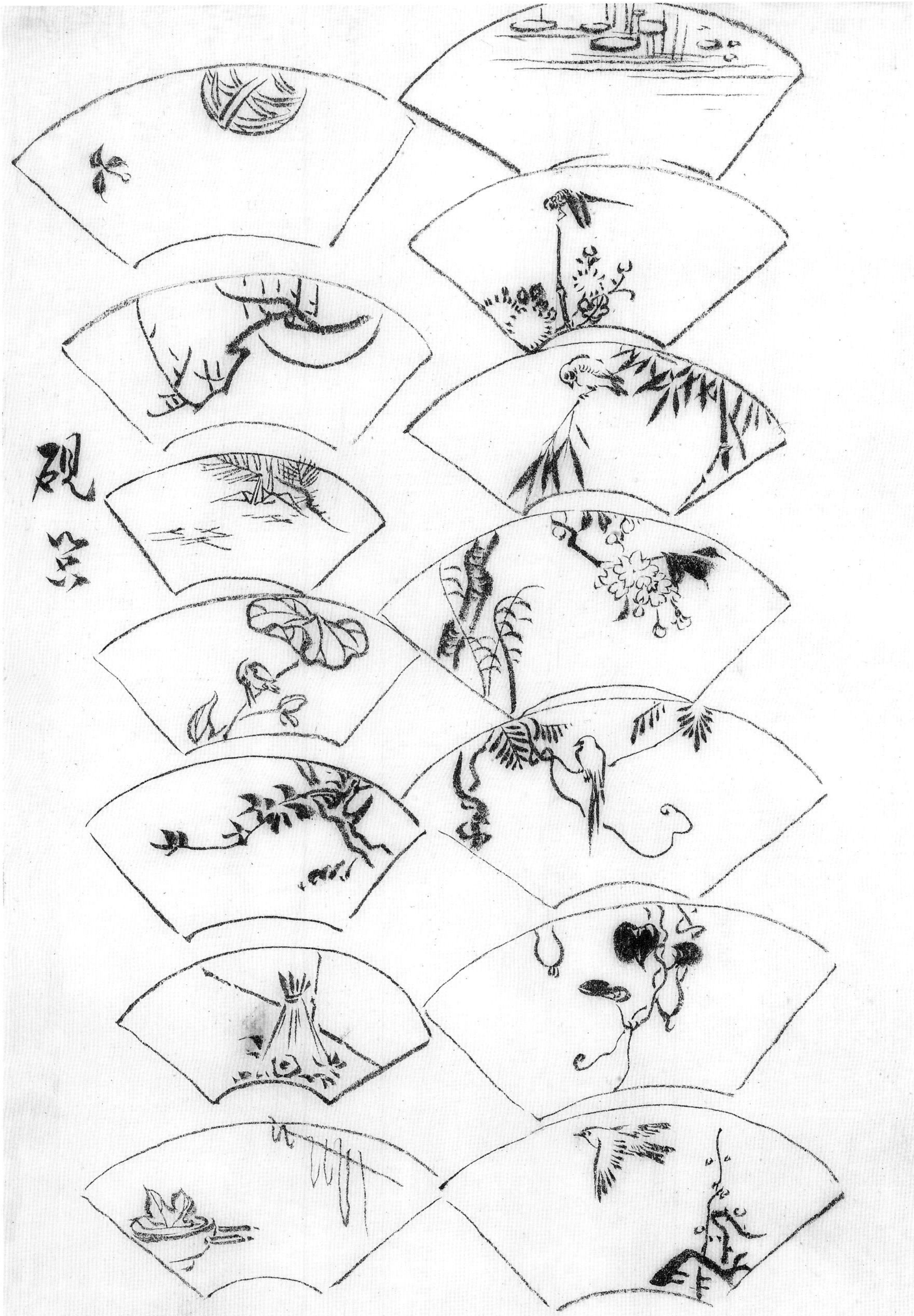

扇面に草花

染織應用

露草と薄(すすき)、菊と菱

楓

桑に蝶

薄(すすき)と桔梗

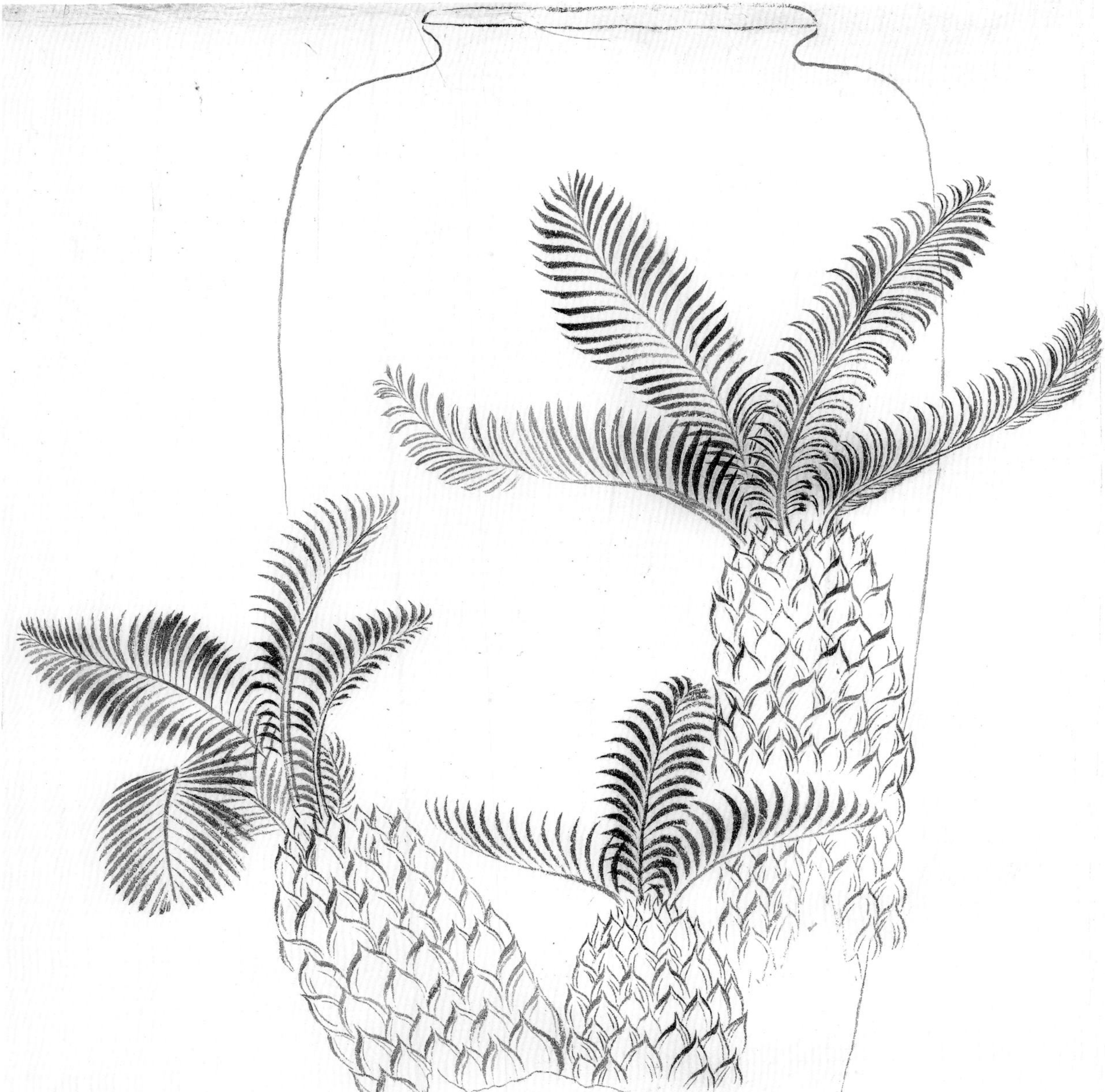

蘇鉄

菓子見図案、
鶯宿梅の意

宿はとてそこにいをしあたえん

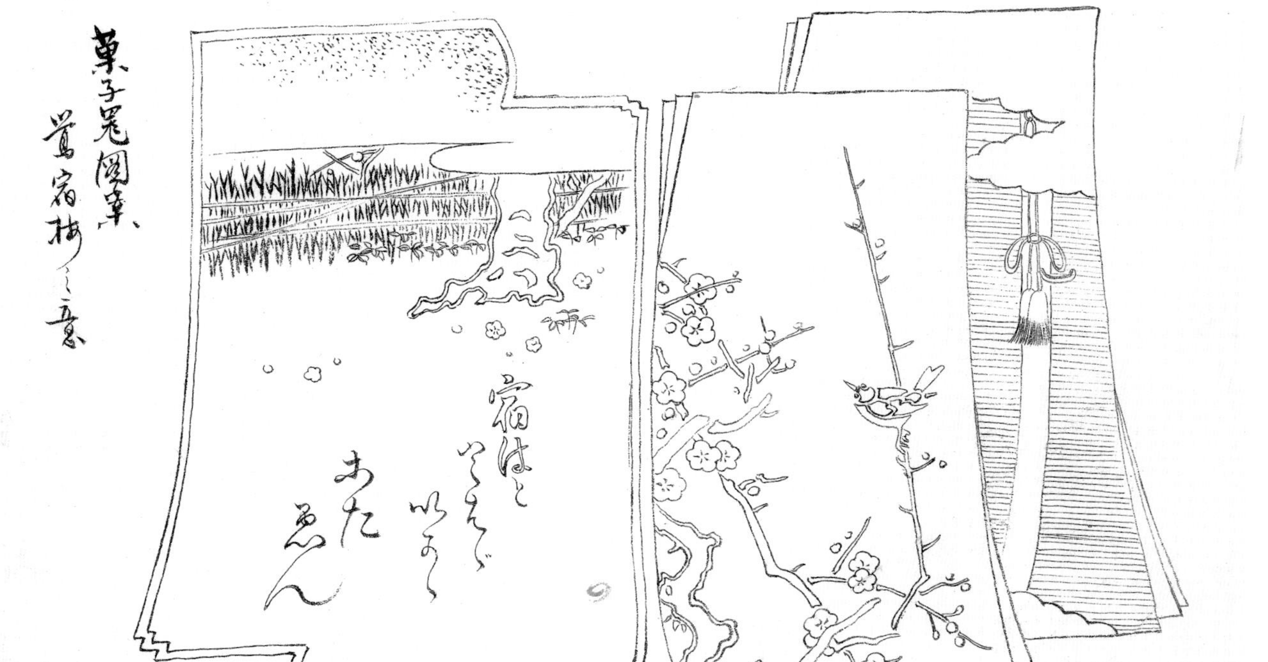

鶯宿梅の図

食籠
朱ぬり
蒔絵ならん

挹重

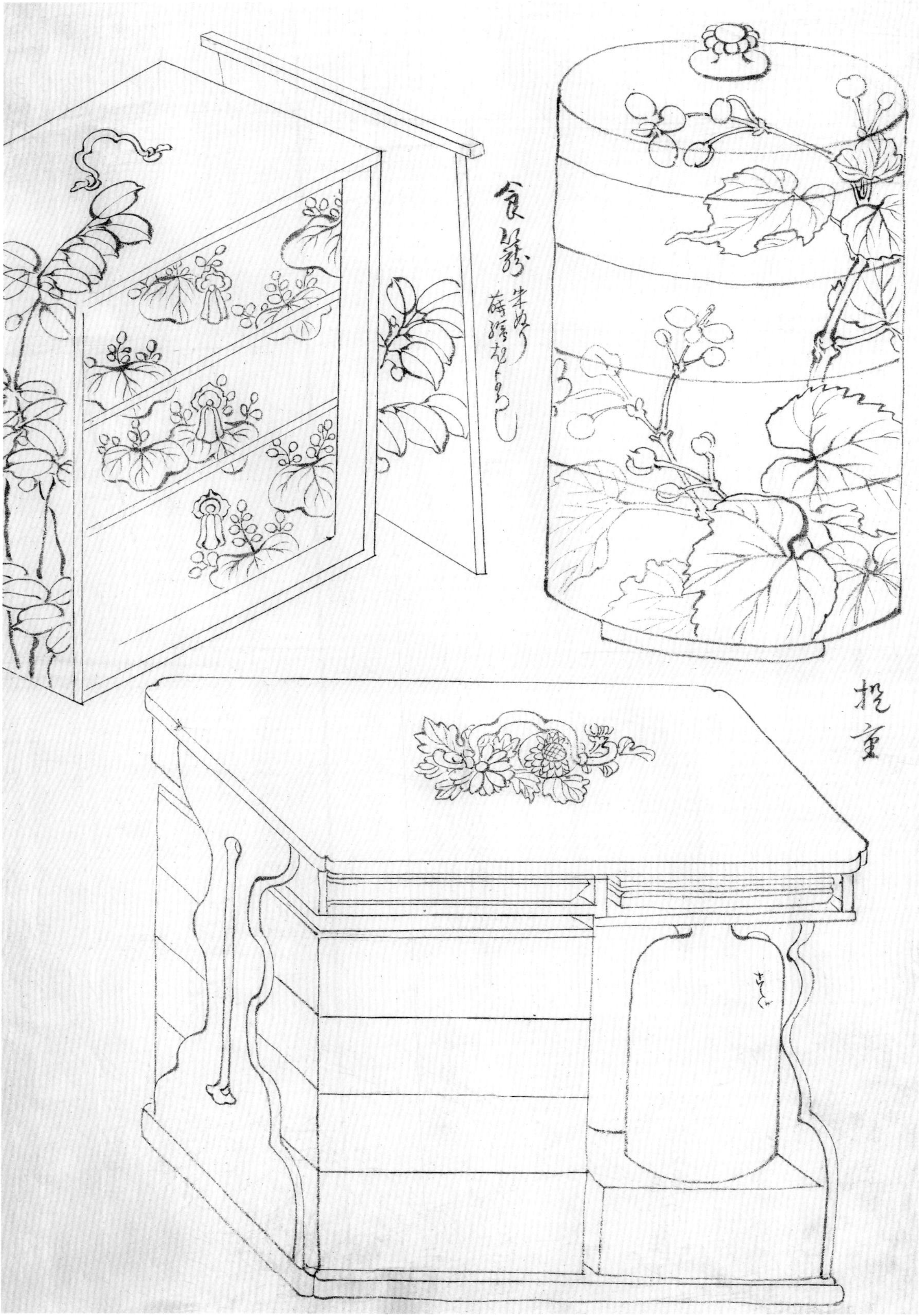

草花

草花

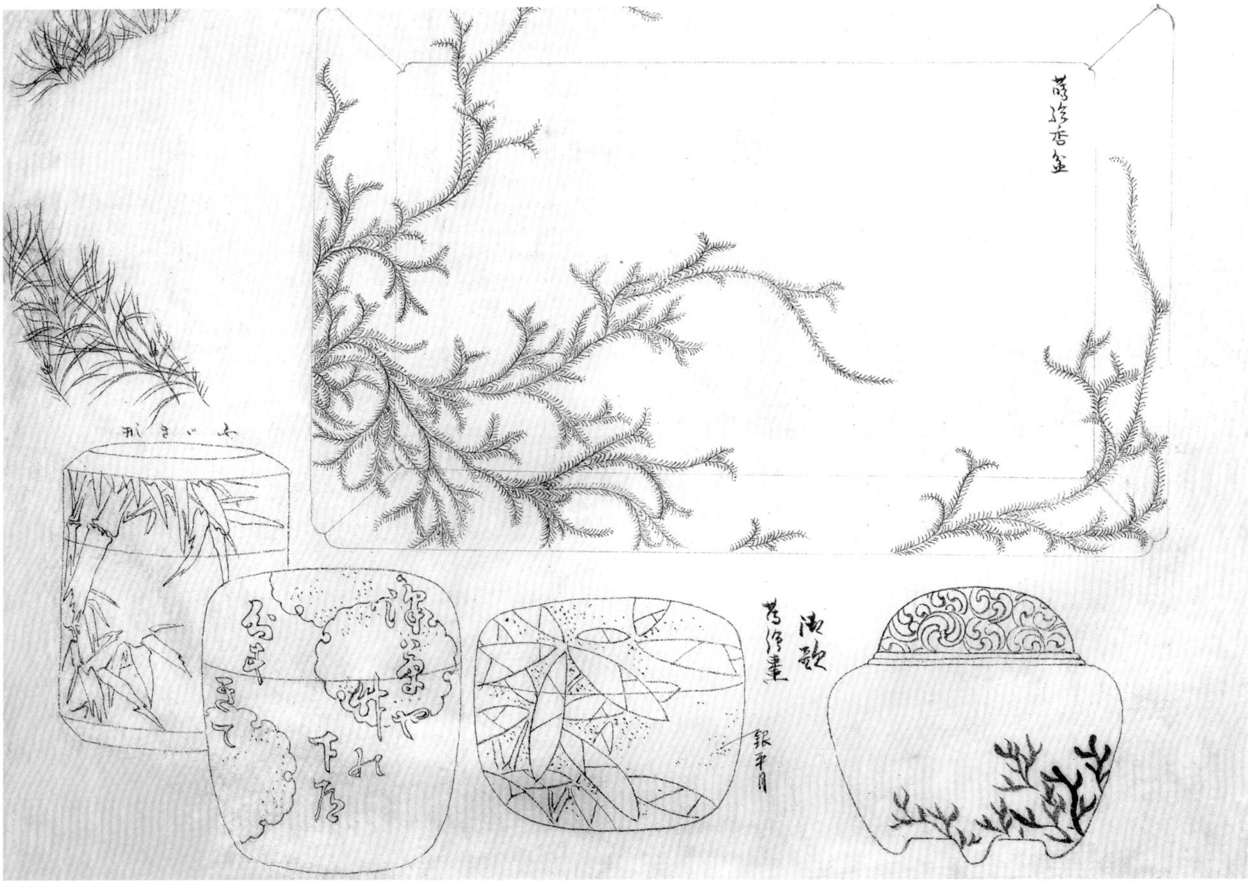

草花

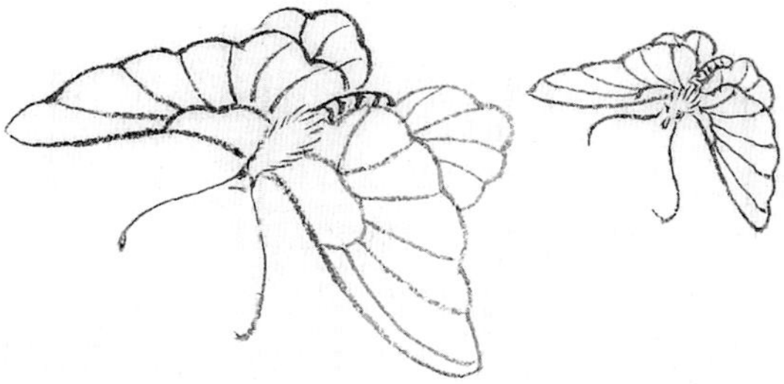

蝶

蝶

猪と笹

水亀
いしがめ

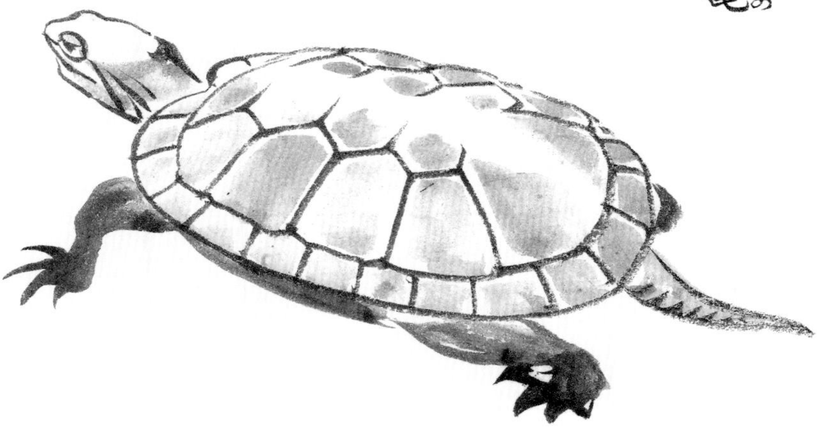

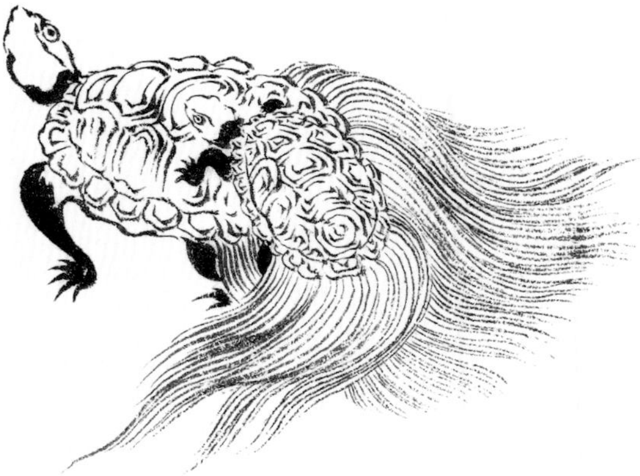

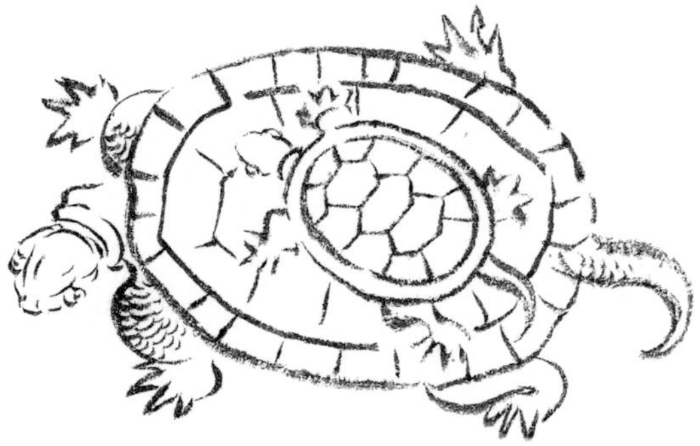

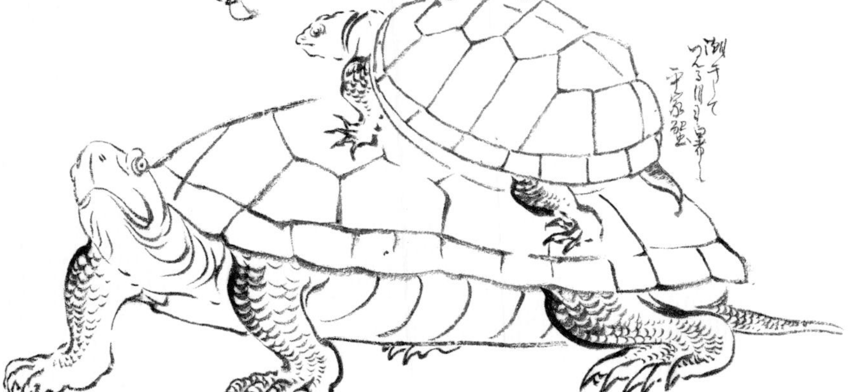

亀

亀

兎

兎

兎

兎

兎と萩

虎

獅子

獅子

仔犬

象

馬

馬

馬

馬

馬

魚とえんどう豆

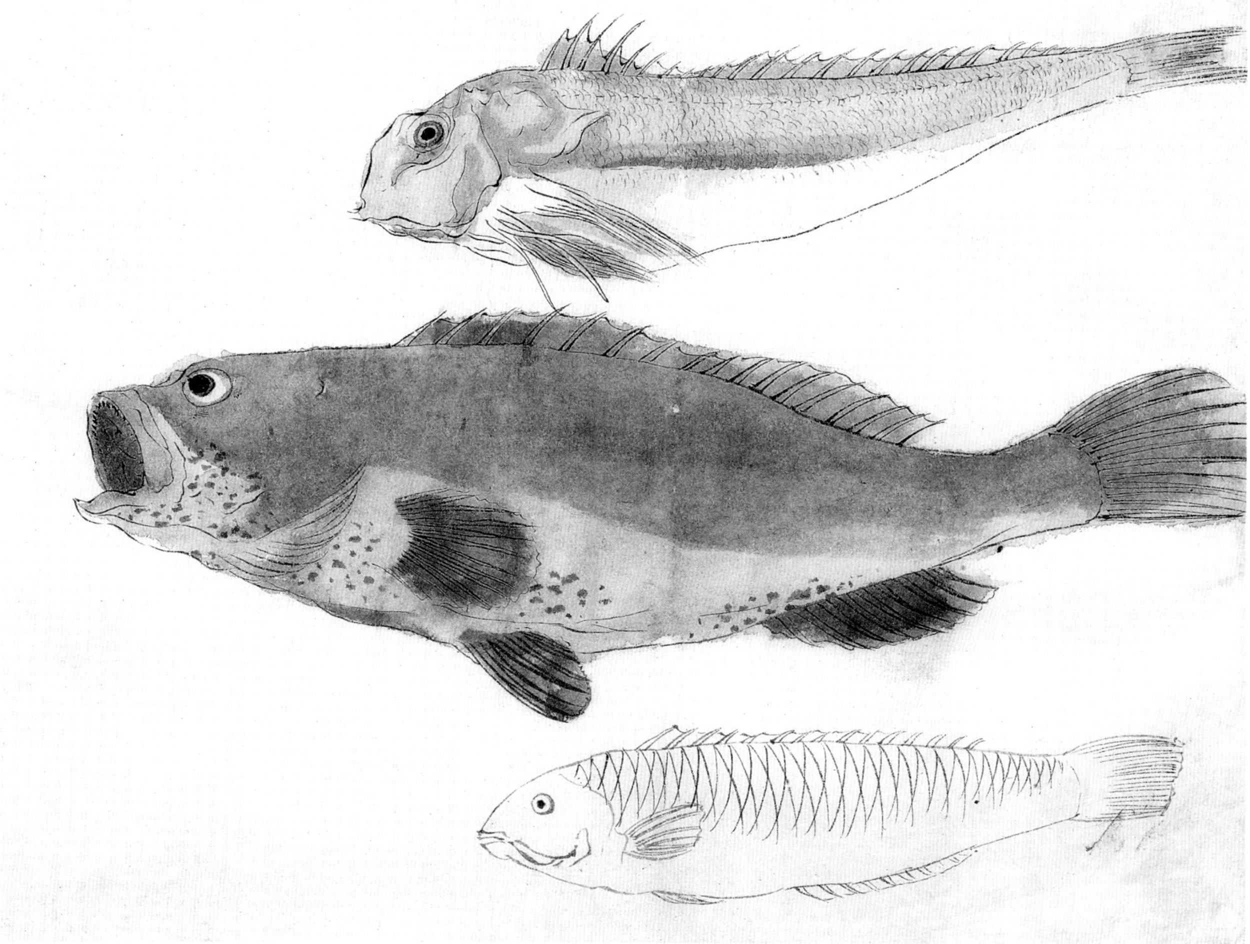

魚

鯉

鯛と鯵

鮎

魚

焼肴の
徳利

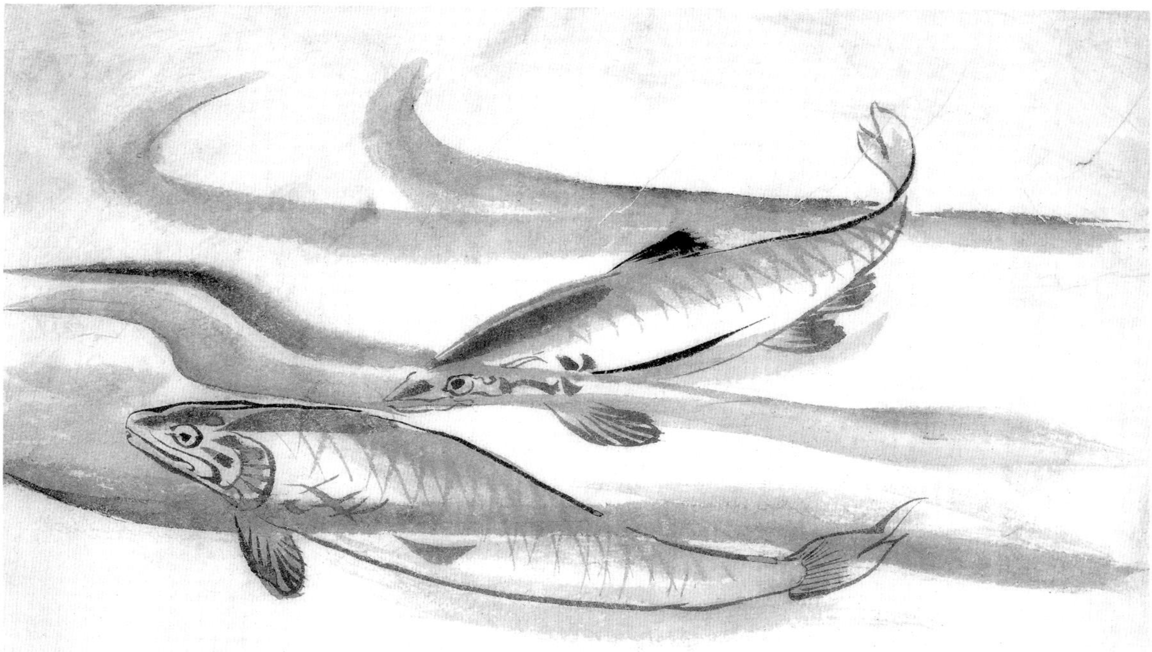

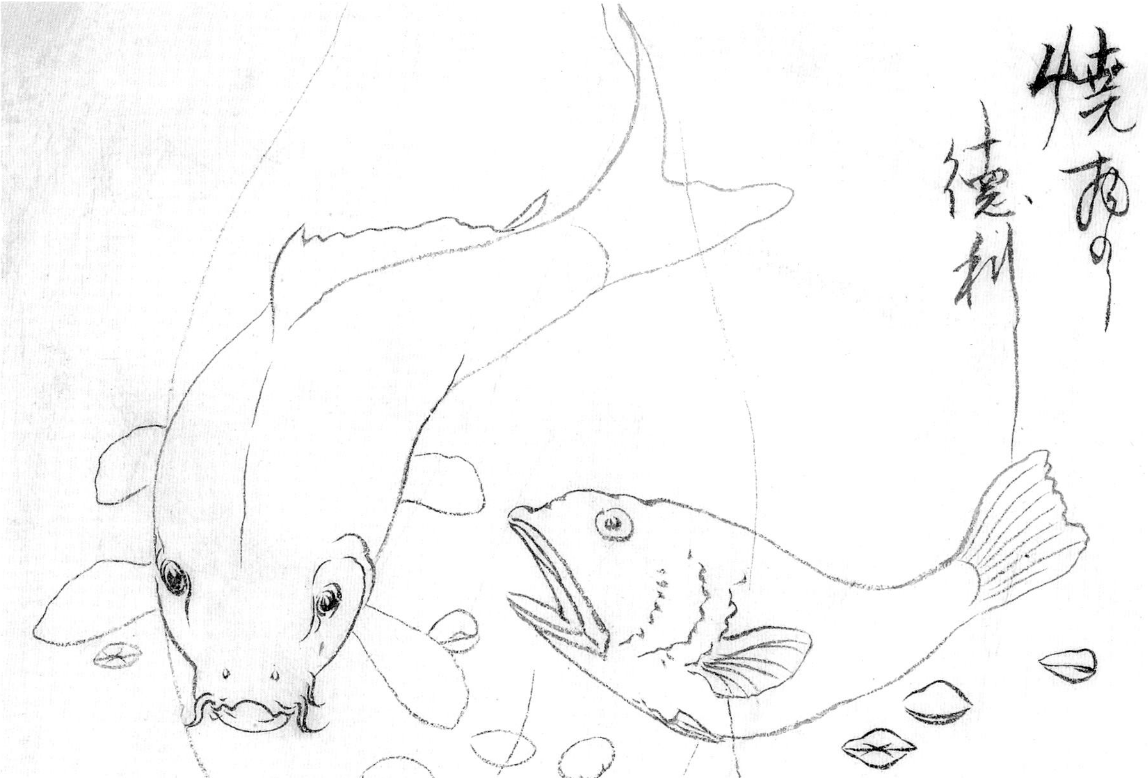

蟹

沢瀉(おもだか)と蟹

金魚

車海老

伊勢海老

手長海老

伊勢海老

金鳳好
花籠

貝多郎頓

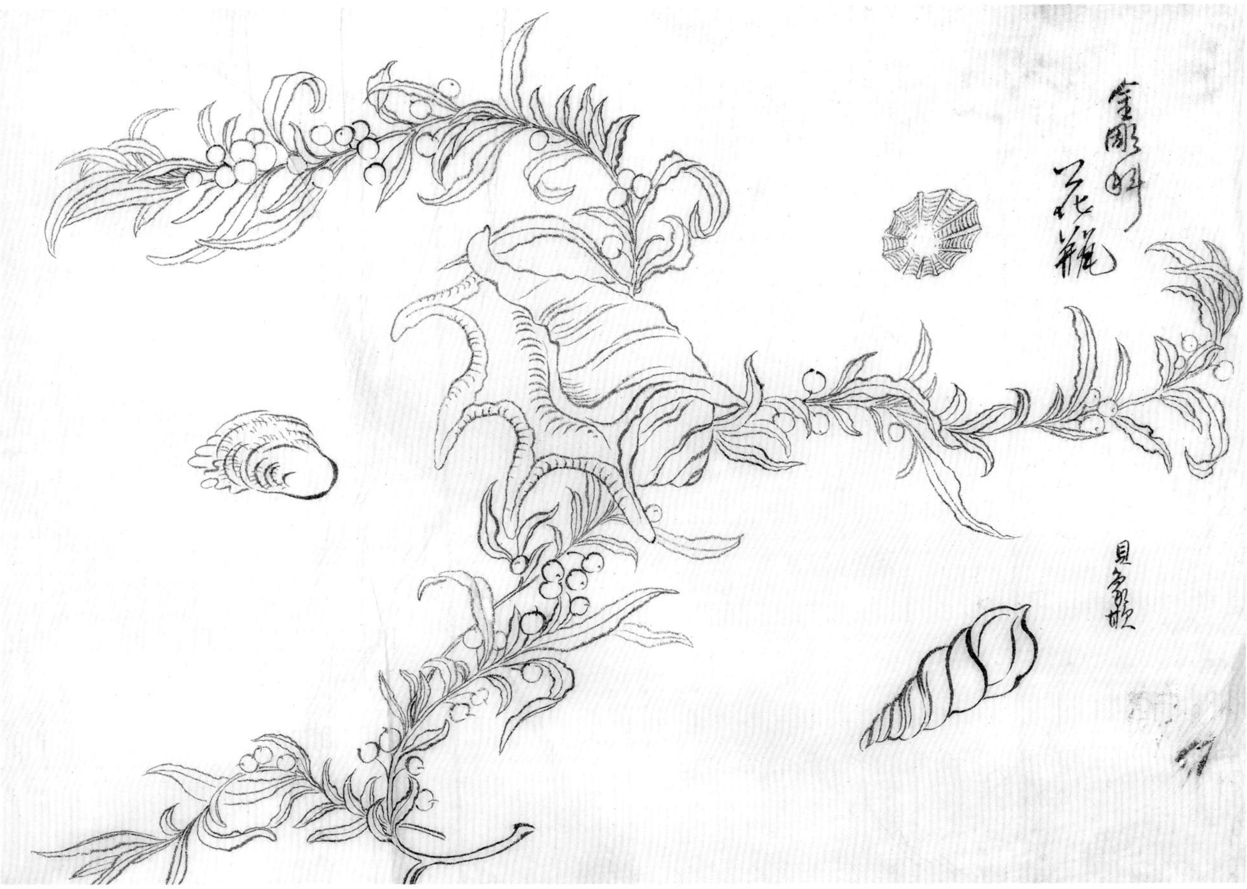

貝

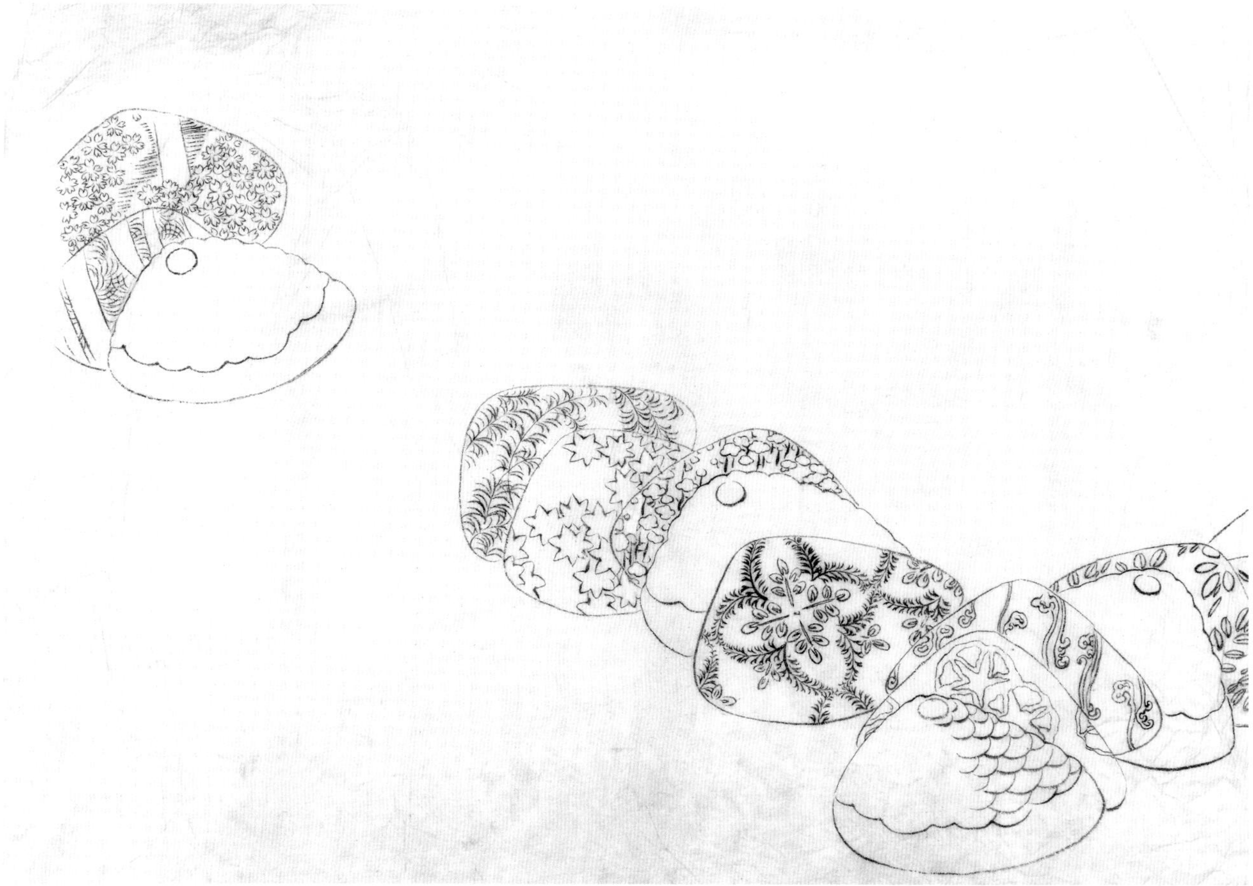

貝合わせ

蝸牛

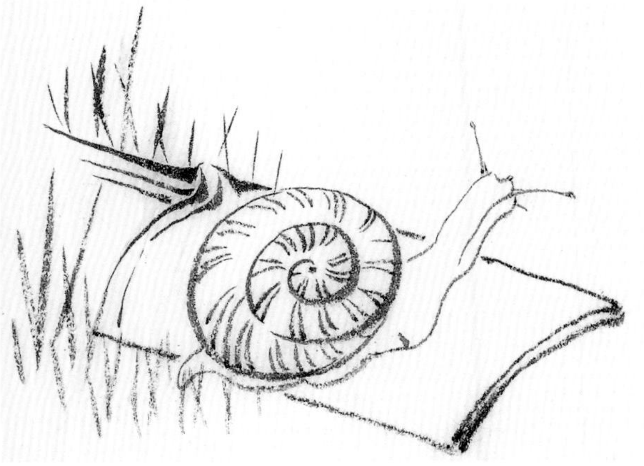

蝸牛

蛙

禁裏御所の図

木曽八勝の内　寝覚の図

塩釜の景

夕陽の図

中国風景

農村風景

山村風景

嵐山の図

帆かけ舟の図

波濤

波に鳥

鵜飼

波

波

波

波

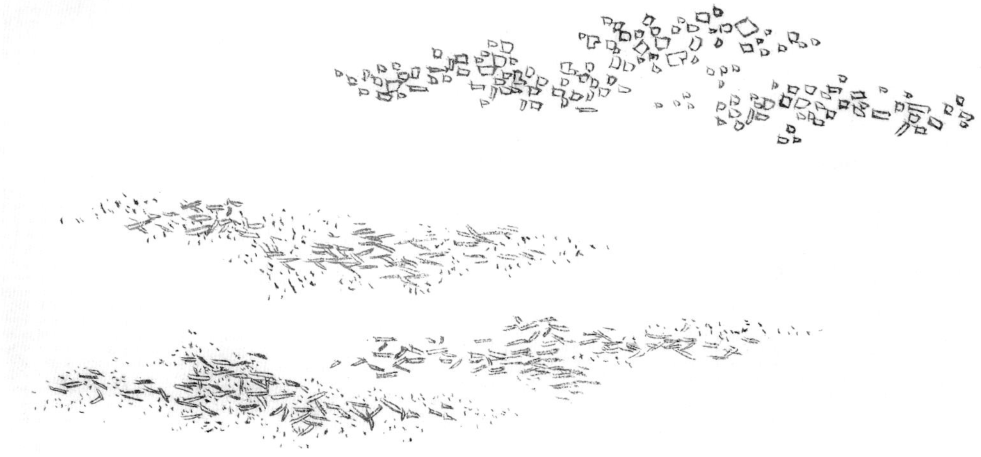

飛沫（しぶき）

波

波

流水

波

波

波

片輪車

農村風景

山村風景

山村風景

山村風景

硯箱乃圖案

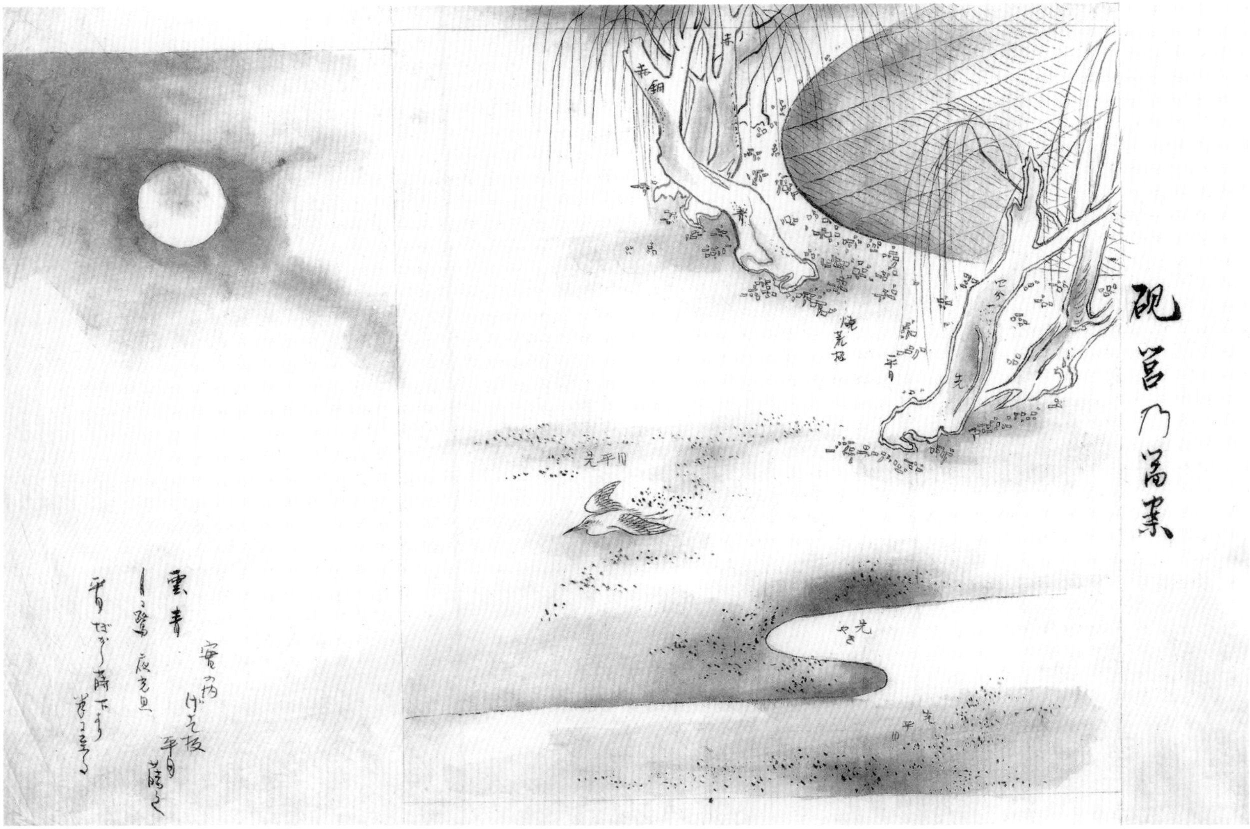

月に千鳥

枝折り戸

竜田川

四季の図の内　春

四季蚕圖
春

四季の図の内　夏

富士山の図

船こぎ

城郭図

船

岸辺の松

岸辺の松

岸辺の松

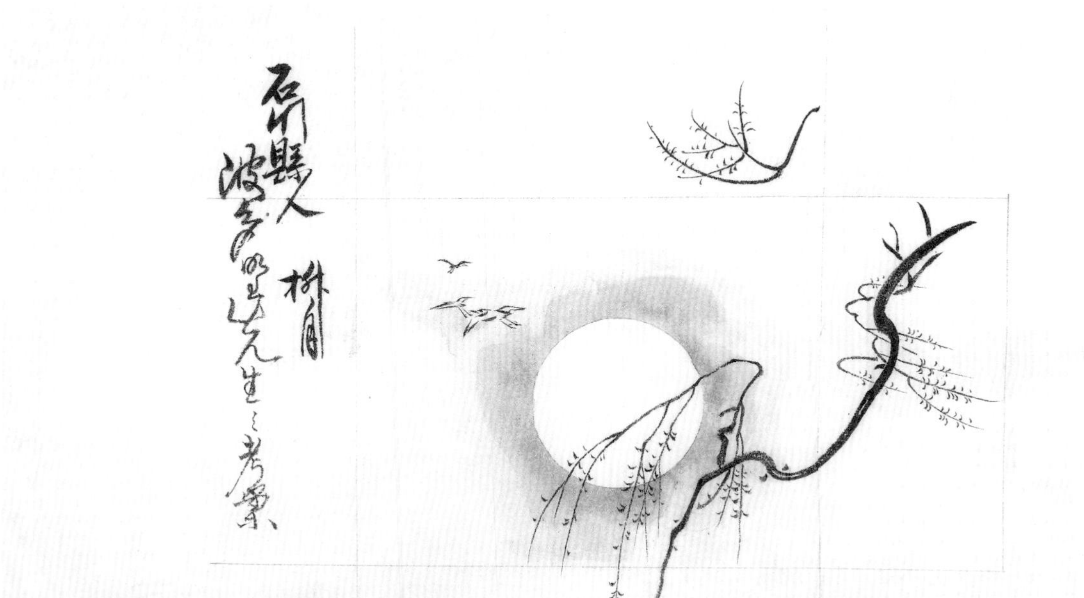

柳に満月

不詳

不詳

不詳

不詳

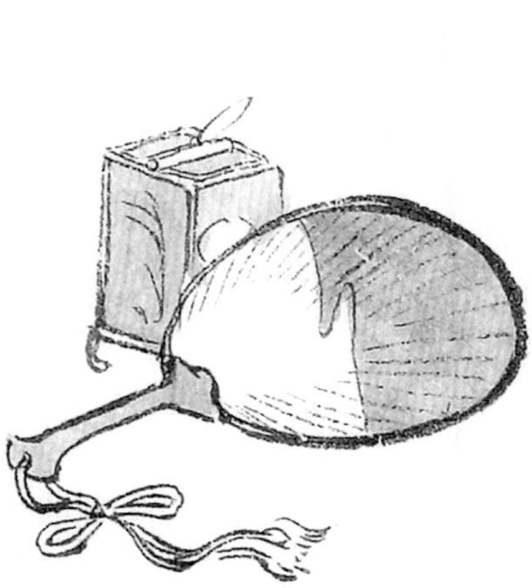

不詳

不詳

不詳

不詳

不詳

不詳

不詳

寂蓮法師

不詳

藤原義孝

不詳

不詳

鳳凰と鸚哥と宝相華文様

鶴と鸚哥(いんこ)と宝相華文様

鳳凰

鳳凰に桐

龍

龍

龍

龍と鶏

二頭
葉書院
きんま樣様

朱

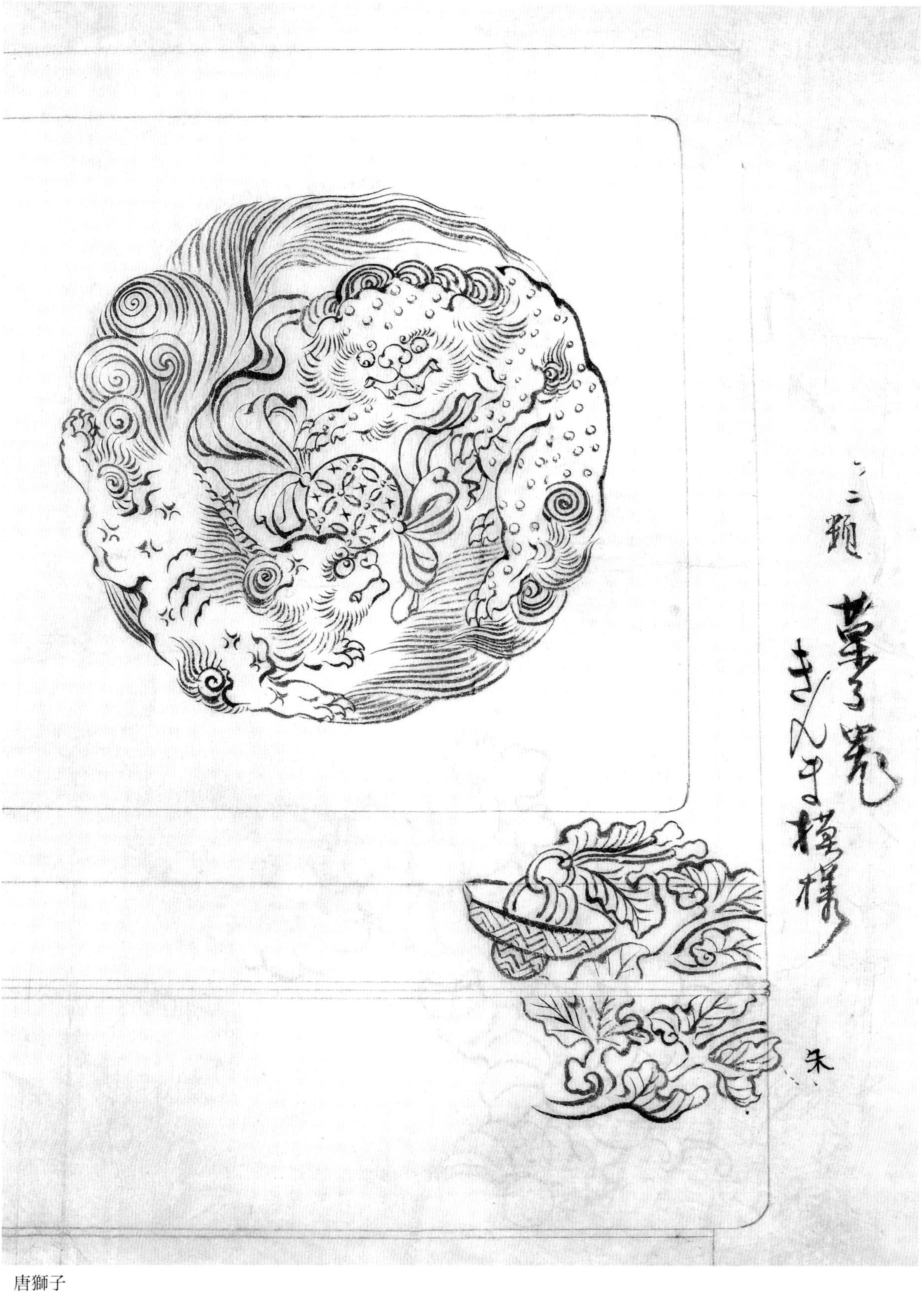

唐獅子

牡丹

唐獅子

唐獅子

唐獅子

大黒

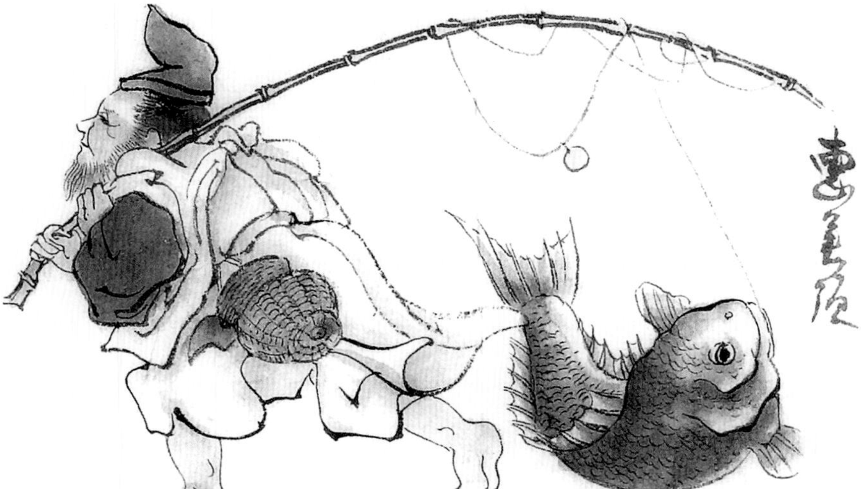

恵美須

寿老人

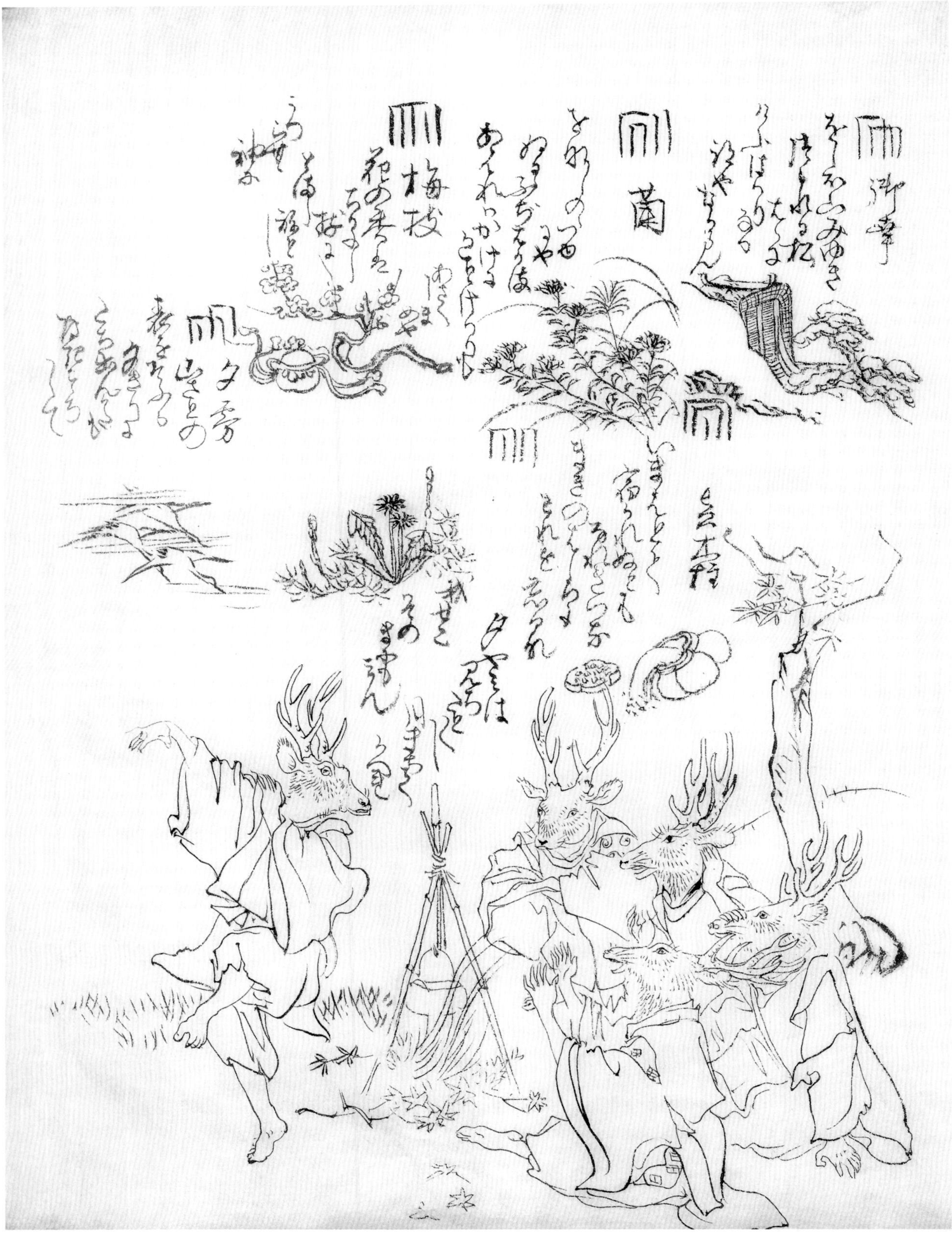

不詳

青草

琵琶

ひわの図

玄上(厳島の御物)
撥面ニ竜ノ打毬
又玄象若ハ青鈴之通

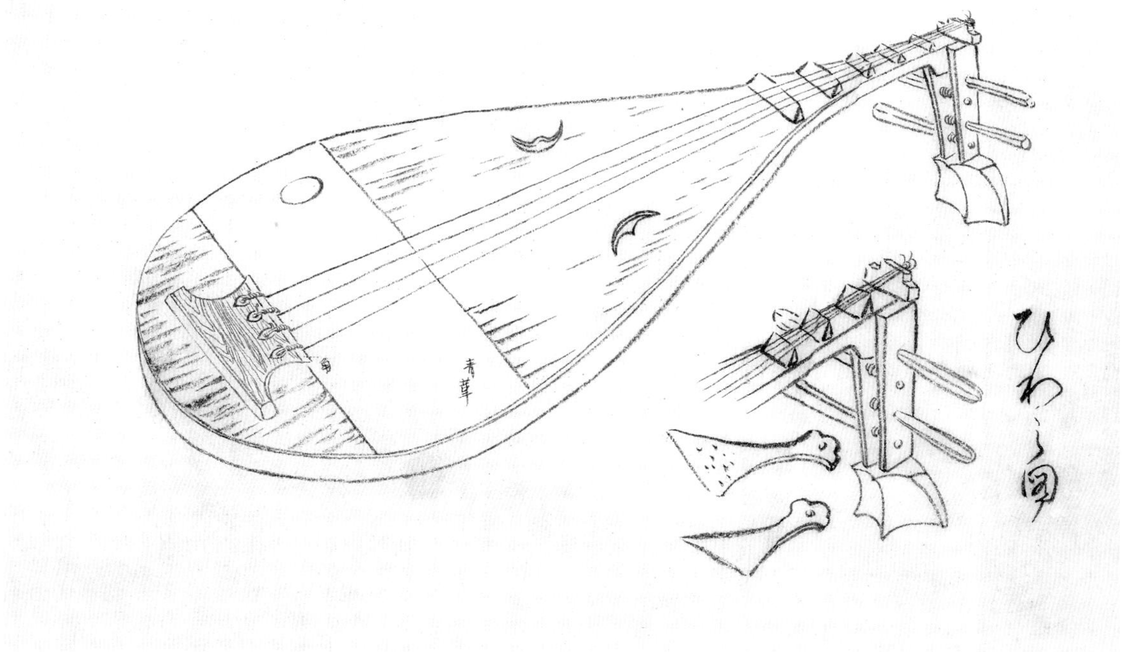

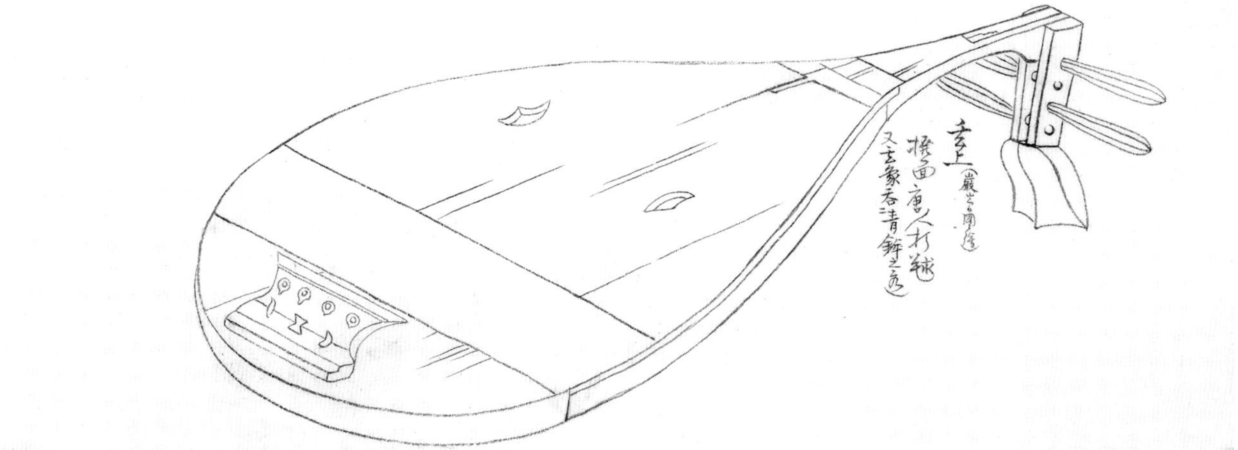

琵琶

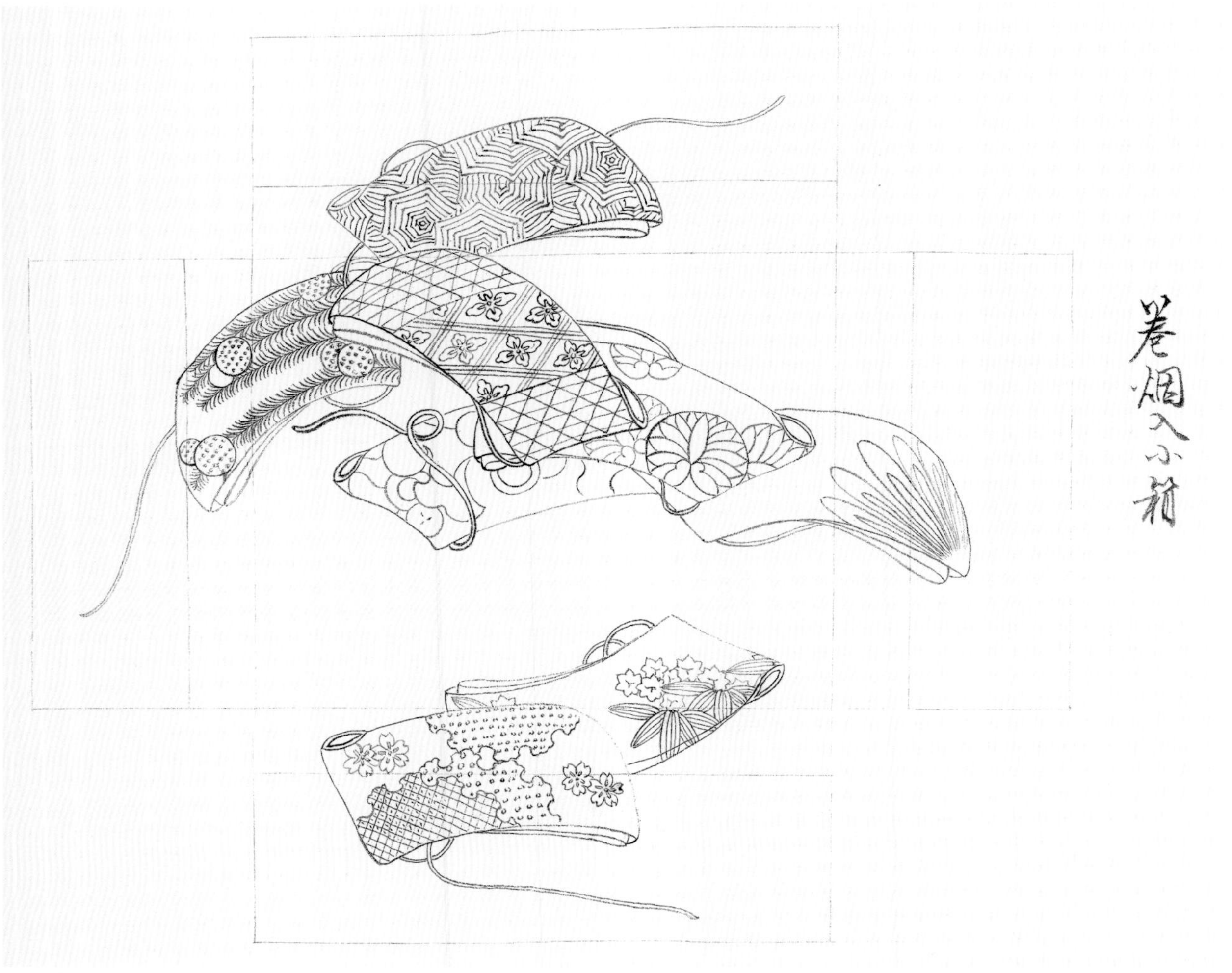

巻き煙草入の図

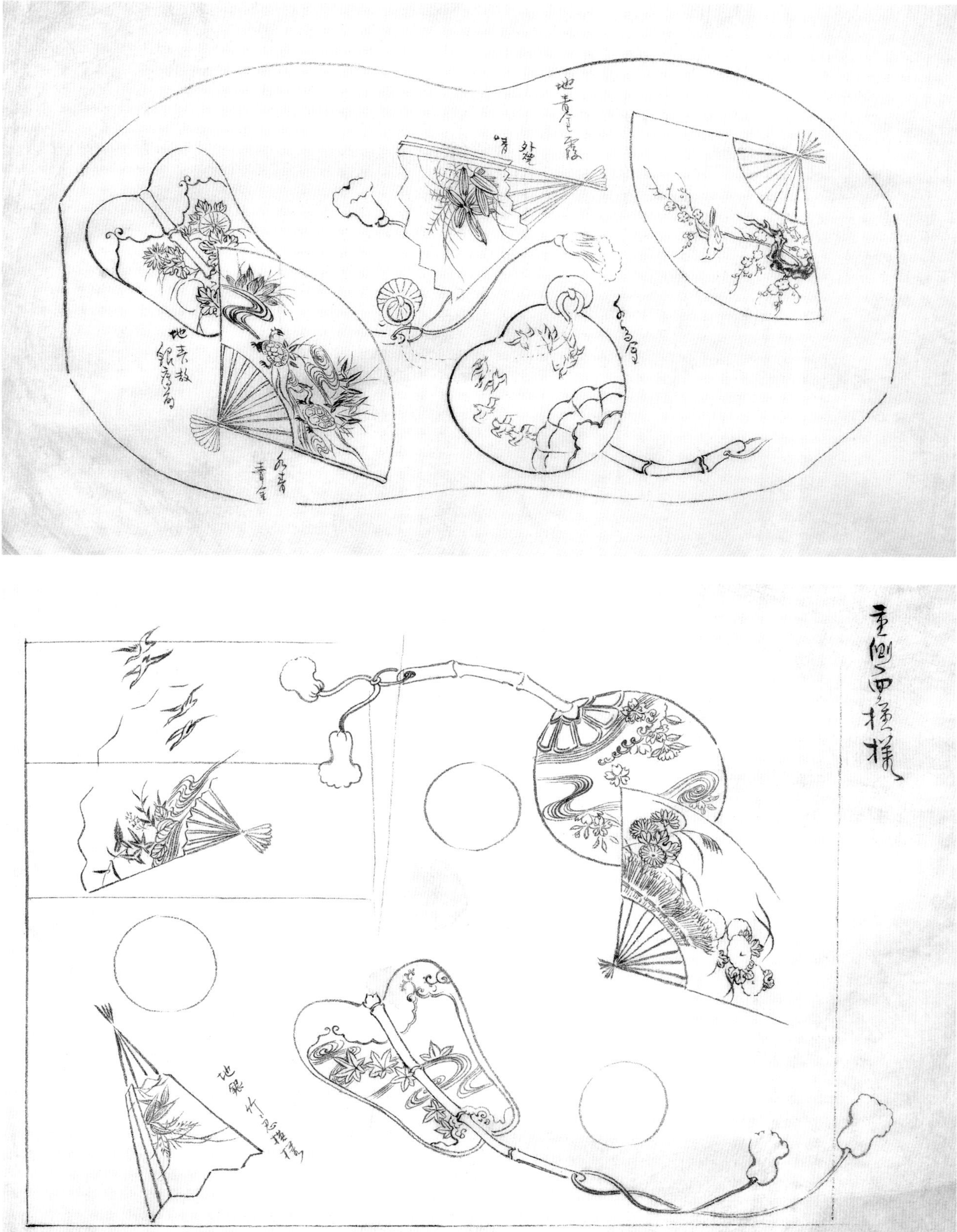

扇面と団扇の図

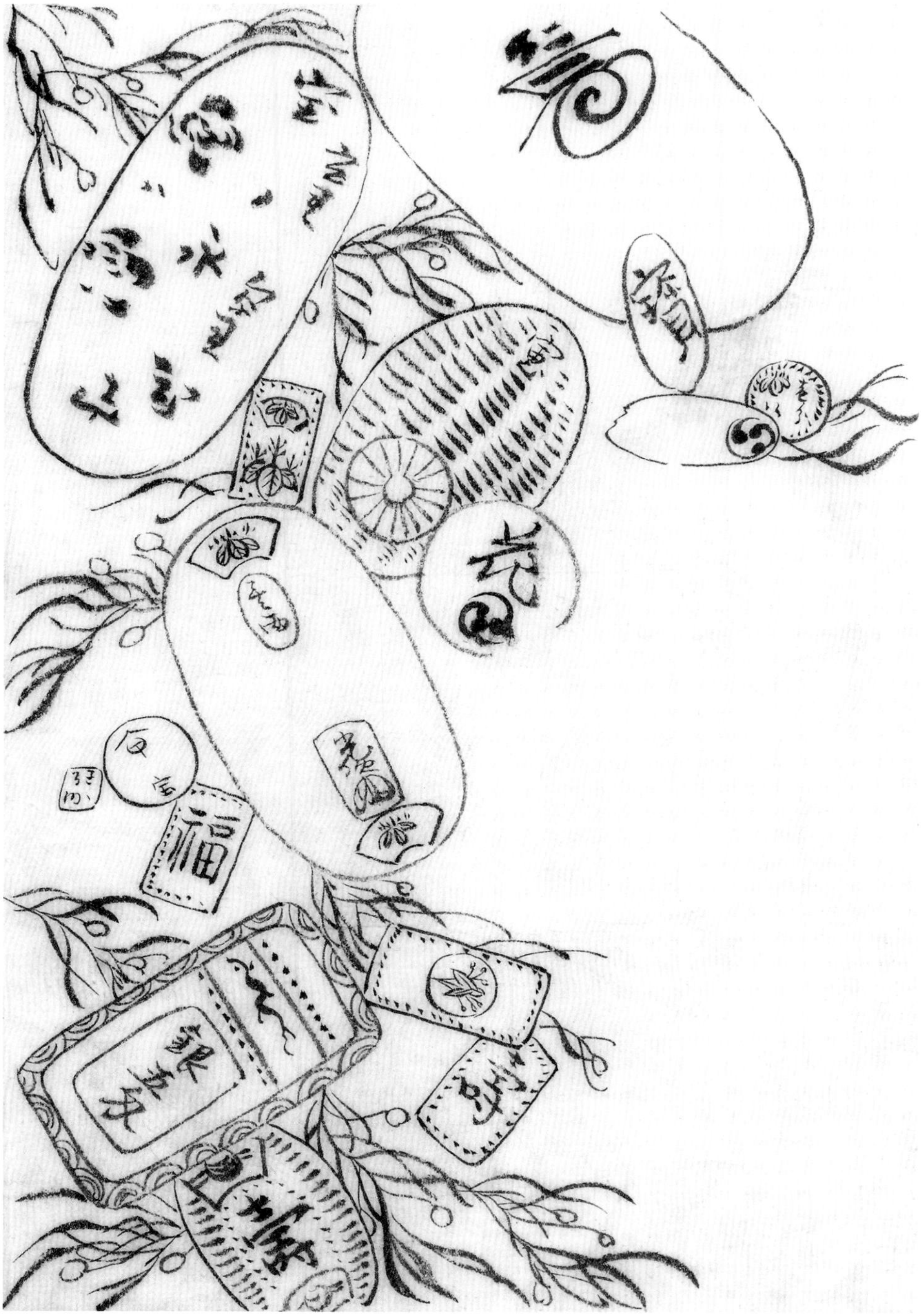

大判小判の福笹

回り灯籠

軍配

藍澤陵硯首藍三

前田杏雪模

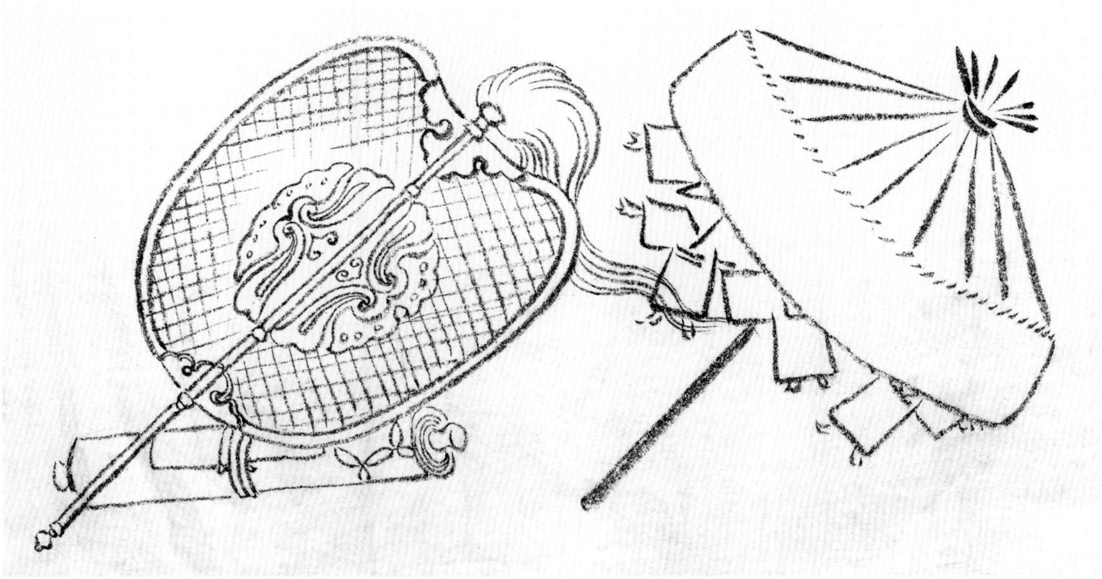

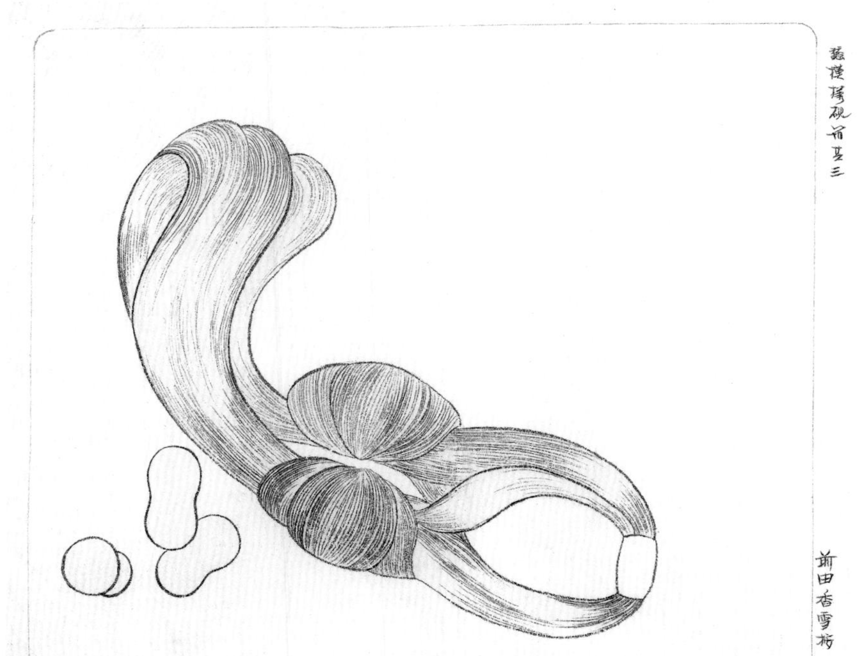

糸繰り

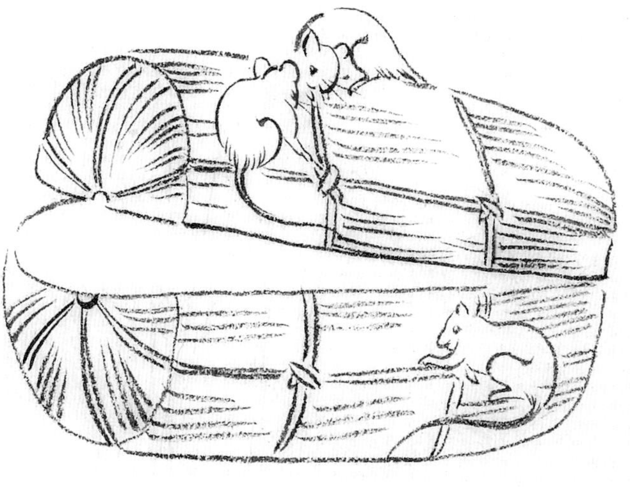

俵に鼠

不詳

鼠に小槌

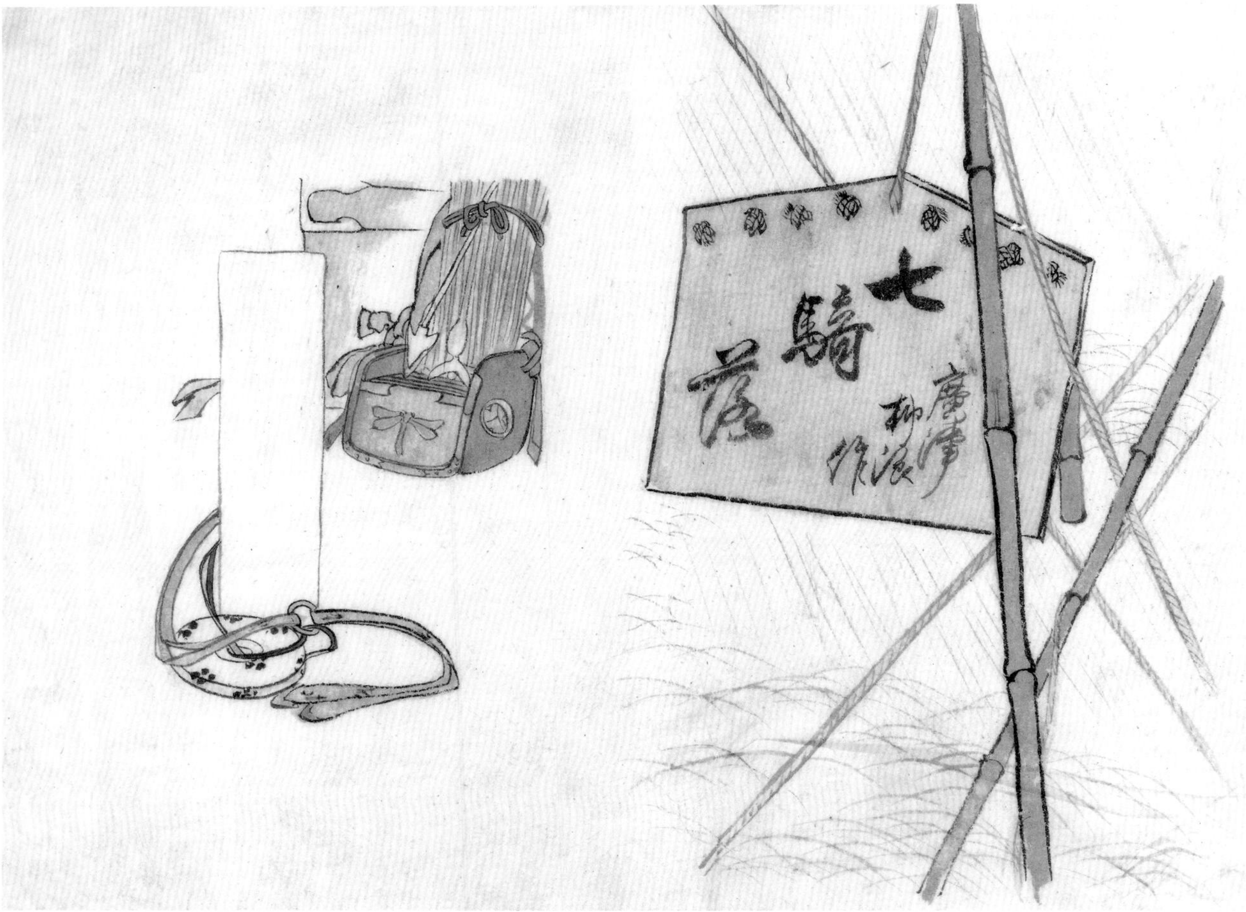

雀威し

古今模様鑑

以下に掲載の図版は、明治十八年（一八八五）に東京府本所区の近藤清太郎が編集・出版した『古今模様鑑』に収録されていたもので、縦一二九㎜、横一七〇㎜、全二十葉、種々の模様を描きおこしたユニークな一冊である。

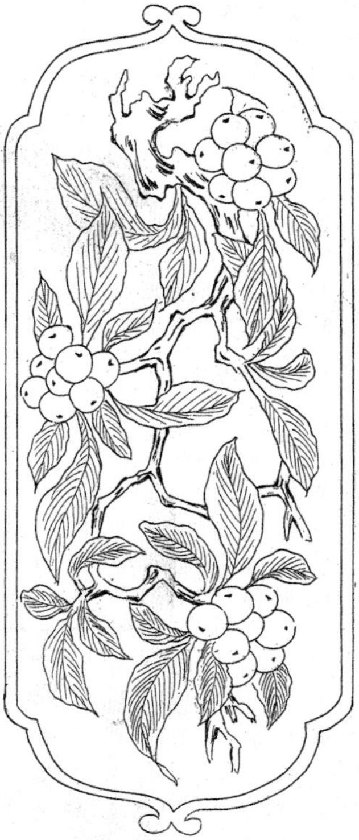

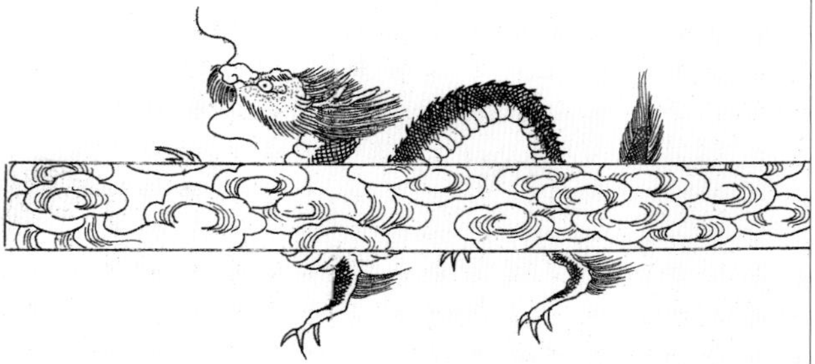

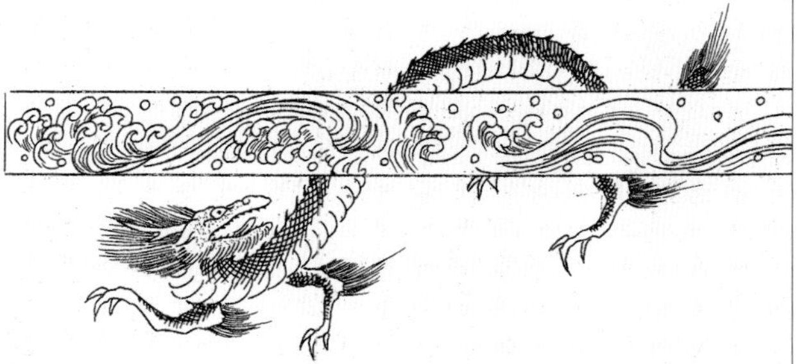

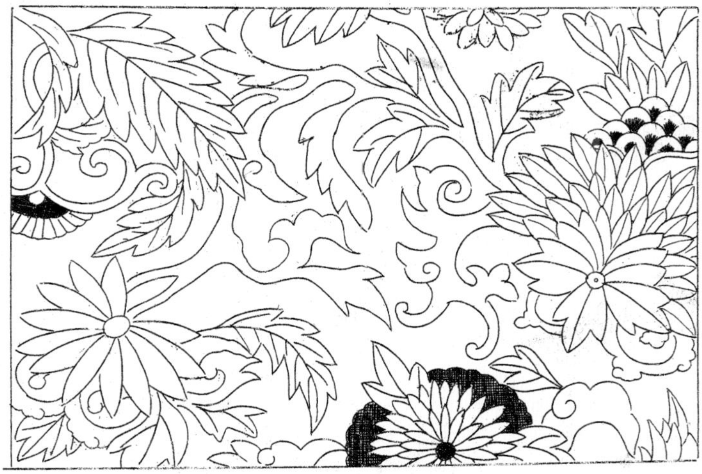

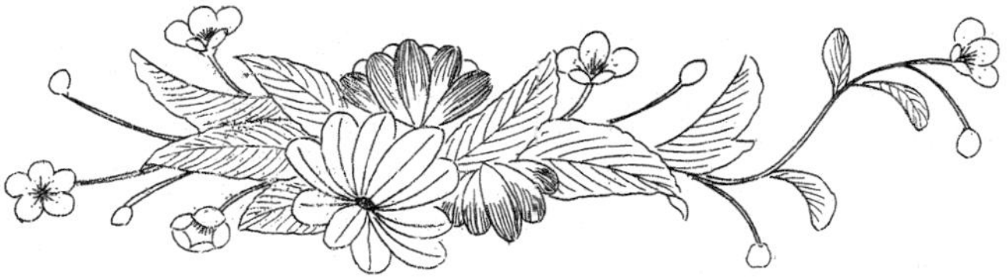

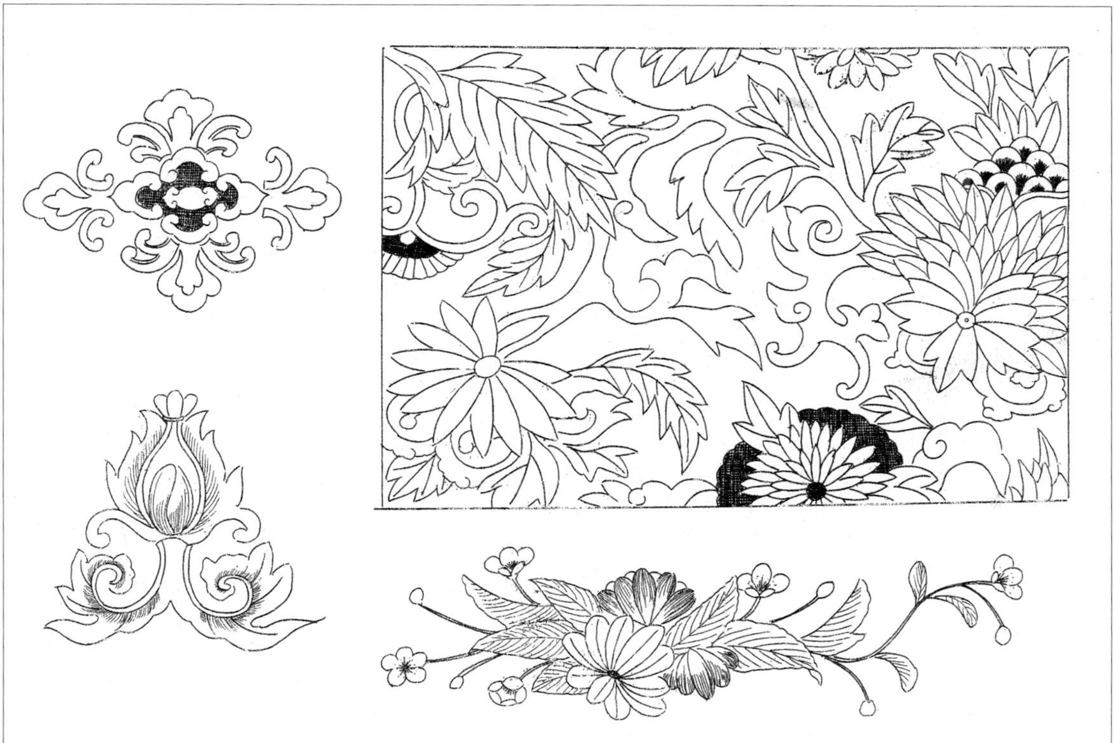

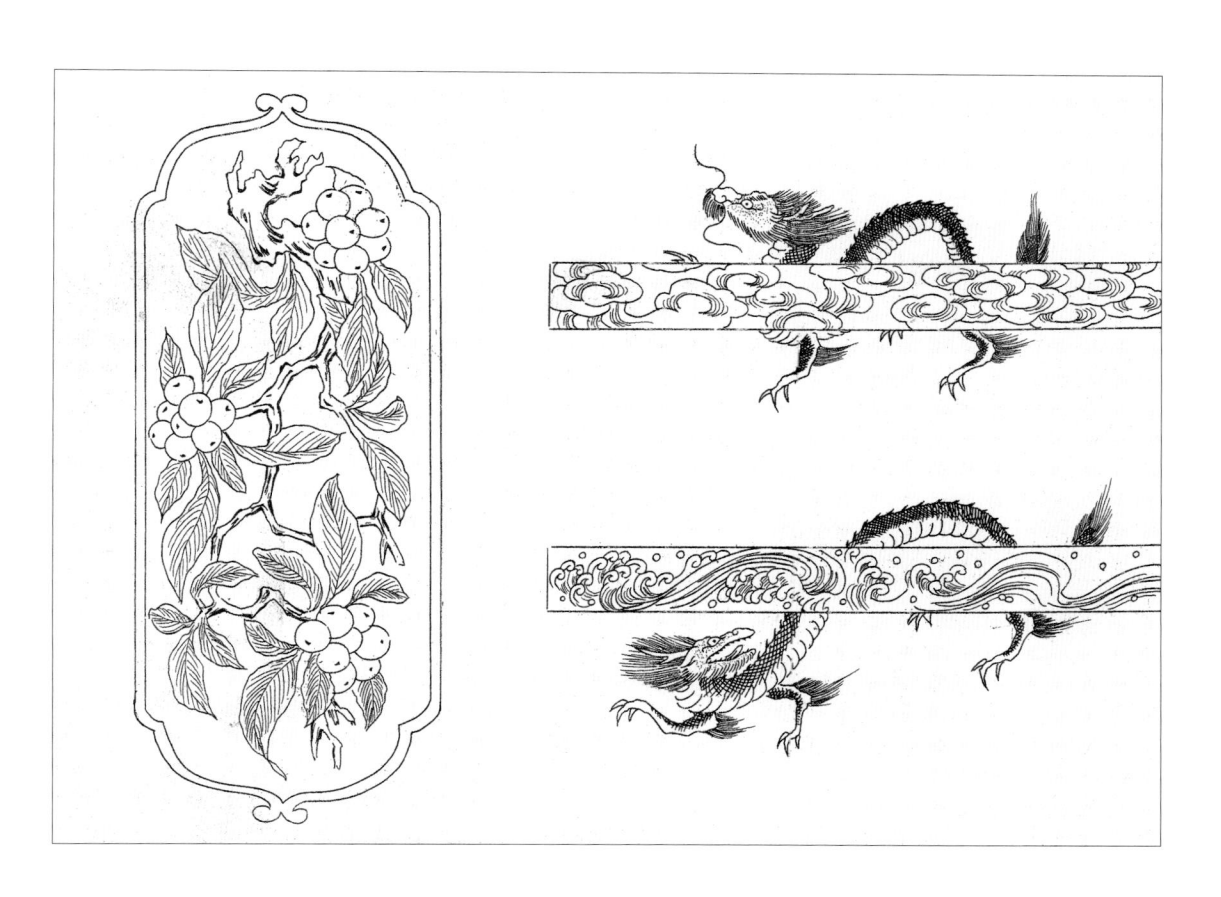

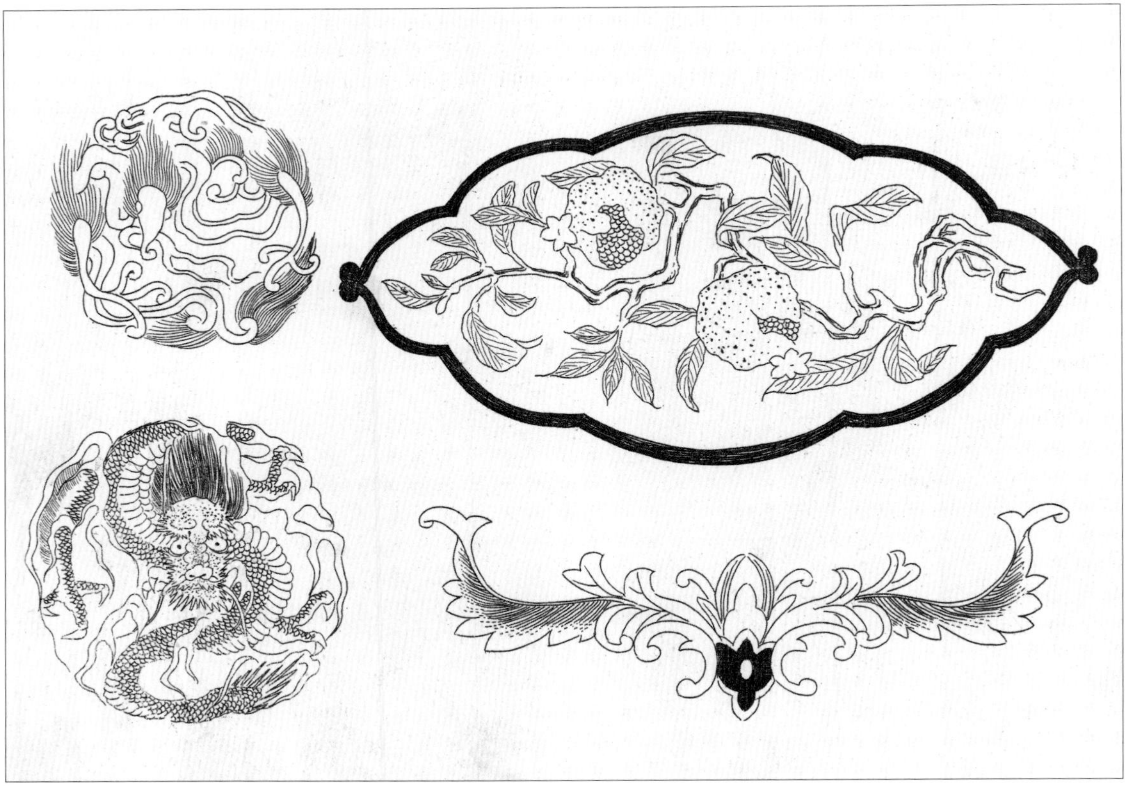

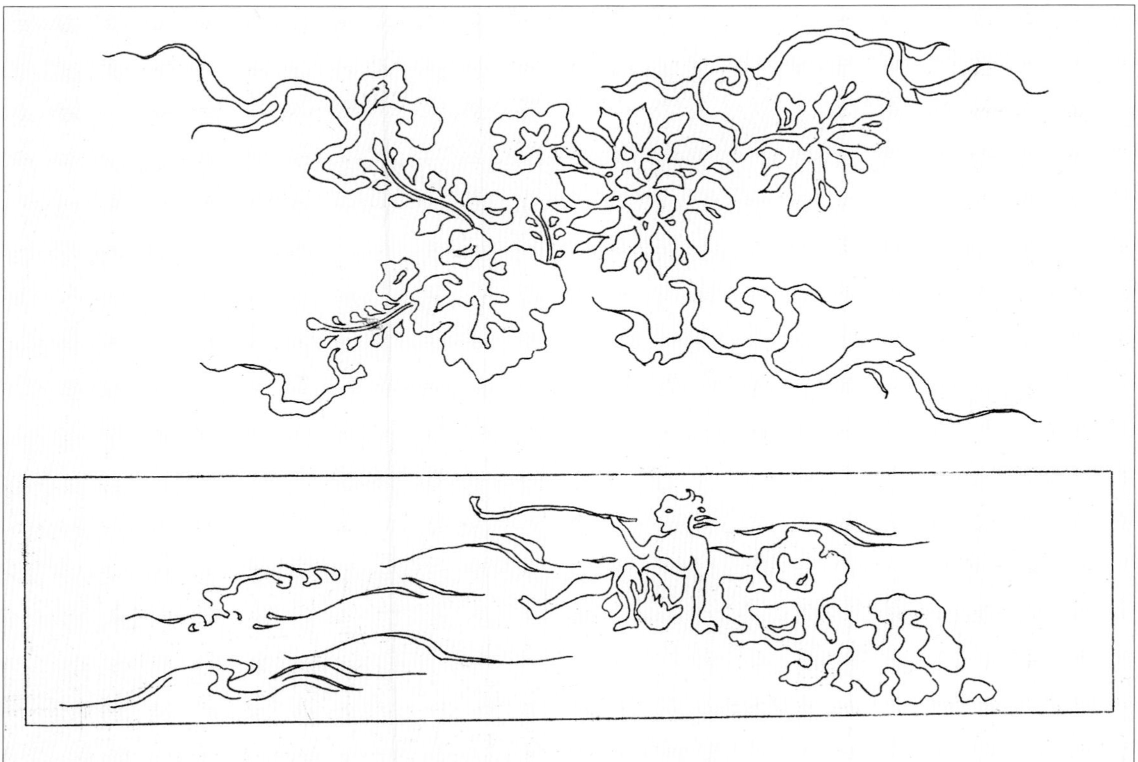

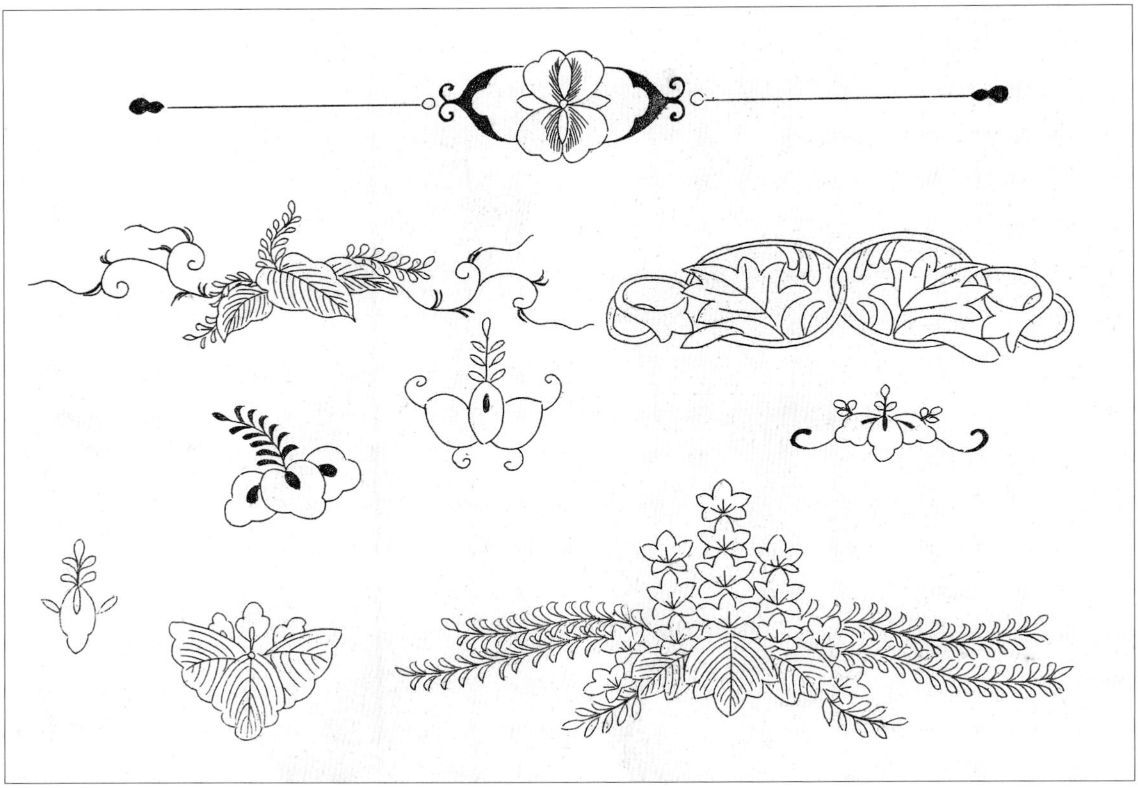

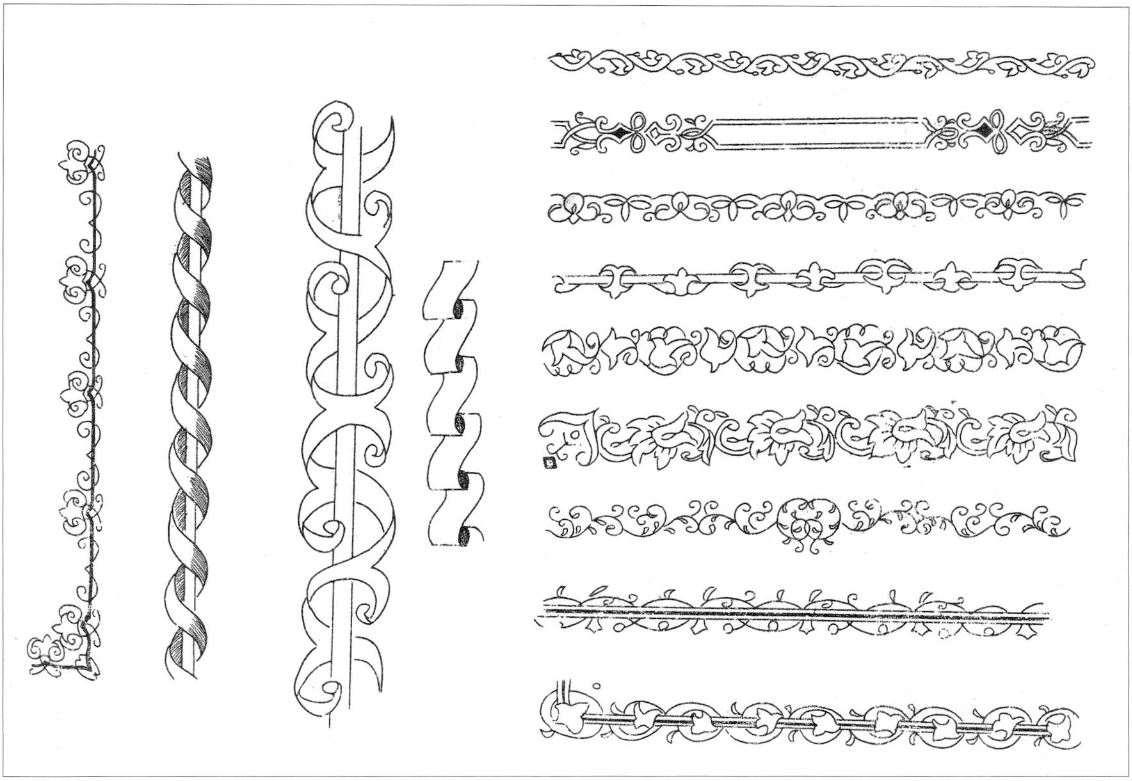

京漆《きょううるし》の図《ず》案集《あんしゅう》

DESIGN COLLECTION of KYOTO LACQUERWARE

平成二十四年四月十七日初版一刷発行

監　修　服部峻昇
発行者　浅野泰弘
発行所　光村推古書院株式会社
〒六〇四-八二五七
京都市中京区堀川通三条下ル橋浦町二一七-二
TEL 075-251-2888
FAX 075-251-2881
http://www.mitsumura-suiko.co.jp
印　刷　ニューカラー写真印刷株式会社

ISBN978-4-8381-0465-9

構成　上田啓一郎
編集　山下はるな
　　　合田有作
　　　大西律子
協力　黒木絵理
　　　日本野鳥の会京都支部
　　　中村桂子